外国につながる
若者とつくる
多文化共生の未来

協働によるエンパワメントとアドボカシー

Co-creating the Future of Multicultural Co-existence
with Immigrant Youth:
Empowerment and Advocacy through Collaboration

［編著］ 徳永智子　角田 仁　海老原周子

Edited by Tomoko Tokunaga, Hitoshi Tsunoda, Shuko Ebihara

明石書店

　私たちの地域で育ち、学ぶ、外国につながる子ども・若者[1]たちが増えている。特に高校に通う外国につながる生徒たちは、十分な支援を受けることができず、学校を卒業するのも、進学や就職するのも厳しい状況である。近年、全国規模の高校段階における外国人生徒教育の調査がなされ、支援の制度化の動きも見られ始めている。2023年度からは高校でも日本語指導を「特別の教育課程」として位置づけ、卒業単位として認められることになった。これを機に、全国各地の高校で日本語指導やキャリア支援、居場所づくりをはじめとしたさまざまな取り組みが充実することを願ってやまない。

　今後さらなる高校段階の支援の充実化が求められるなか、本書では、東京都の定時制高校を舞台とした高校・NPO・大学の三者協働の取り組みを、関わった多様な人々の「声」と共に紹介する。学校現場では、外国につながる生徒を支援する上でどのような課題を抱え、どのような取り組みを実践しているのだろうか。支援団体や大学はどのように学校と協働し、支援に関わることができるのだろうか。当事者の若者は学校や地域に何を求めているのだろうか。現場から見えてきたことを、どのように教育行政の人々に伝えることができるのだろうか。多様なステークホルダーとどうつながり、社会に働きかけていけるのだろうか。

　私たちは2015年から、外国につながる生徒が多く在籍する東京都立一橋高校定時制において、高校・NPO・大学との三者協働を深めてきた。多言語交流部（ONE WORLD）の部活動やシティズンシップ授業を通した居場所づくりや多文化共生の試み、インターンシップやアクションリサーチを通し

（1）外国につながる子ども・若者を呼ぶ言葉は多くある。本書は編著本という性格上、あえて呼称を統一せず、章によって「外国ルーツ」「外国にルーツを持つ」「移民」などさまざまな呼称を使っている。また、本書で使用する「若者」とは、国連の定義にしたがい、15歳から24歳の人のことを指す（https://www.migrationdataportal.org/themes/child-and-young-migrants　最終閲覧2022.7.15）。

たエンパワメント、実践から見えてきた課題を政策提言につなげるなど、さまざまな実践や活動を積み重ねてきた。外国につながる子ども・若者は、低い日本語力や学力などが「問題」としてネガティブに語られることが多いが、多様性が尊重される多文化共生社会をつくる仲間である。彼らの「問題」に目を向けるのではなく、強みを引き出すというストレングス・アプローチから、未来の社会を担う若者たちと共に、彼らが活躍できる社会をつくっていきたい。

　本書のタイトルは「外国につながる若者とつくる多文化共生の未来」である。近年、多文化化の進展に伴い、多文化共生や外国人支援に関する本が多く出版されている。本書もその分野の一冊として位置づきながらも、外国につながる子ども・若者を一方的に支援するという視点ではなく、共通の目標に向かって共に支え合い、変容し合い、エンパワーし合うスタンスで書かれている。子ども・若者との関わりを通して、支援者が知り得なかった世界に出会ったり、自らの考えを改めたり、大きな気づきにつながることもあるだろう。本書のタイトルには、子ども・若者との関係性をゆるやかに組みかえ、つながりの輪を広げていくことで、共に多文化共生の未来をつくっていきたい、という私たちの思いが込められている。

　研究者や支援者によって書かれた本が多いなか、本書は当事者の若者、高校教員、NPOスタッフ、大学教員、学生、留学生、アーティストなどさまざまな立場の人が本づくりに参加し、多様な「声」が響き合う本にすることを目指した。編者を中心に話し合いの場を頻繁に持ち、本の構成や内容、形式などアイデアを出し合いながら、協働して進めた。座談会への参加、執筆から編集まで、多様なルーツを持つ若者たちにも積極的に関わってもらった。さまざまな文体や言葉が混ざり合い、読みにくく感じる読者もいるかもしれない。しかし、そのようななじみのない言葉やさまざまな日本語が響き合うことこそに、これからの多文化共生の未来をつくっていくヒントが隠れているのではないだろうか。

　本書は、現場で日々子どもたちと向かい合っている小・中・高校の教員や支援者（NPO職員、日本語支援者、国際交流協会の職員、ソーシャルワーカー、スクールカウンセラー、コーディネーターなど）に読んでいただきたい。また、多文化共生や外国人支援、多様なステークホルダーとの協働に関心のある国

や県、市町村の教育行政に携わる方々、研究者、企業、当事者、大学生・大学院生など、広くこのテーマに関心のある方々にも手に取ってもらいたい。本書を契機に、学校、支援団体、専門家、大学、企業、行政などとつながり、外国につながる子ども・若者を支援する輪がさらに広がっていけば幸いである。

　本書の刊行にあたり、明石書店の大江道雅社長は、マイノリティの視点を打ち出した本企画の趣旨をご理解いただき、出版の機会を与えてくださり、伊得陽子さんは編集や調整でご尽力くださり、深く感謝申し上げたい。また、武輪穂乃加さん（東京国際大学大学院）には、座談会や対談に参加し、原稿の編集作業を丁寧に進めてくださり、西内亜都子さんと小林久美子さんには校正作業で大変お世話になり、感謝の気持ちでいっぱいである。ONE WORLDの卒業生のレンズさんには、素敵なカバーイラストを描いてくださり、心から感謝の気持ちを伝えたい。裏表紙のイラストには、フィギュアが好きな外国につながる若者たちが集まって、「こういう世界を作ろう」という意味合いが込められている。一橋高校の校長先生や副校長先生、教職員の皆様には、学校での実践にご協力くださり、本企画もご理解くださり、深くお礼を申し上げたい。本書の執筆者としてお名前は出せなかったものの、本書に登場するさまざまな実践に関わってくださった方々や高校生・卒業生には、あらためて感謝の気持ちをお伝えしたい。最後に、本プロジェクトはJSPS科研費JP18K13094、JP22K02361の助成を受けた。感謝の意を申し上げる。

2023年2月

編者一同

外国につながる若者とつくる多文化共生の未来
協働によるエンパワメントとアドボカシー

目 次

第Ⅱ部　学校外編

インターンシップとアクションリサーチによるエンパワメント

第Ⅲ部

実践からアドボカシーへ

序章

外国につながる若者を取り巻く状況とエンパワメント

徳永智子

1●はじめに──外国につながる若者のエンパワメント

　私たちが暮らす社会では、中高生の年齢段階で来日する子ども、あるいは外国生まれの親のもとで日本で生まれ育った子どもなど、多様な来日経緯、文化、言語、国籍を持つ子どもが急増している。家庭では、親やきょうだいとタガログ語と日本語と英語を混ぜ合わせて話し、食卓には故郷のフィリピンの料理と日本食が並ぶ。スマホで故郷にいる親戚とビデオ通話をし、地元の学校の友人たちとゲームやスポーツを楽しむ。このように、複数の文化や言語を織り交ぜながら、地域社会で生活を送っている子どもが増えている。「外国人」か「日本人」かという二項対立では捉えられない、多様な国や文化、言語、伝統のはざまを生きる子ども・若者である。本書は、このような多文化の背景を持つ若者たちと共に編んだものである。

　1989年の「出入国管理及び難民認定法（入管法）」の改正を機に、中南米から日系人などが多く来日し、集住地域をはじめとした自治体で外国につながる子ども・若者の教育問題が叫ばれるようになった。それから30年近くがたったが、いまだに外国籍の子どもは就学義務の対象外であり、不就学、日本語の無支援、高校中退、大学進学の問題など、彼らを取り巻く教育状況は厳しい（毎日新聞取材班編, 2020）。私たちが関わってきた高校生のなかでも、学業や経済的な困難から高校を中退して帰国した若者たち、教員や支援団体のサポートを受けながら何とか専門学校や大学に進学したものの中退

した若者たちもいる。外国につながる子ども・若者が、小・中学校において社会で生き抜くために必要な日本語力や学力を身に付け、高校で学びをさらに深め、卒業後に専門学校や大学に進学したり、安定した職業に就けるように、私たちはどのように教育環境を整えることができるのだろうか。それぞれの強みを発揮し、アイデンティティやルーツを隠すことなく、居心地よく生きられるような社会をどのようにつくることができるのだろうか。若者や彼らを取り巻く環境のウェルビーイングは実現できているのだろうか。若者の潜在力が十分に発揮できない社会があるなかで、私たちはそれをどのように変えていくことができるのか。

　私たちの活動のなかで重視してきたのは**エンパワメント**の視点である。エンパワメントとは、さまざまな分野で使用されている言葉であるが、ここでは、社会で不利な立場に置かれた人々が、取り巻く環境の資源にアクセスし、自身の生活をコントロールする力を高め、潜在的に持つ能力や可能性を発揮していく過程やその結果のことを指す（武田, 2015）。外国につながる若者の事例で考えると、若者たちが日本社会で構造的な差別や教育制度上の不利を受けながらも、仲間や家族、学校の教員や日本語教師、学校外の支援団体などと関わりサポートを受けることで、さまざまな壁を乗り越え、自ら進路・人生を切り開いていく。そして、その過程を経るなかで、エンパワーされ、社会をつくる担い手としてエンパワメントの主体となっていく。と同時に、当事者と関わる教員、支援者、地域住民、行政関係者など、周りにいる人々もエンパワーされ、その輪が大きくなり、新しいコミュニティがつくられていく。

　エンパワメントは個人単位だけでなく、組織やコミュニティのエンパワメントも重要である（Zimmerman, 2000）。外国につながる高校生が多く在籍する学校が、教育委員会、支援団体、弁護士などの専門家、研究者、福祉関係者など学校外のさまざまなステークホルダーとつながり、互いの資源やネットワークにアクセスし、活かすことで、学校内の生徒の支援体制を充実化させていく。なぜ若者のエンパワメントが促進されないのか、若者を取り巻く学校、地域、社会にあるさまざまな障壁に目を向け、それらを取り除いていくことも重要である。その過程を通じて、組織としての学校もエンパワーされ、相乗的に高校生一人一人のエンパワメントにもつながる。このように、エン

パワメントの輪は、個人から組織へと広がり、若者が生きやすい社会につながっていく。

　さらに、エンパワメントという視点は、私たちが使う言葉をネガティブからポジティブに転換していくきっかけにもなる。外国につながる子どもと聞くと、「日本語ができない」「落ちこぼれている」「親とコミュニケーションが取れない」「かわいそう」などのイメージを持つ人々が多いかもしれない。このように「弱さ」に着目する言葉を使うことで、彼らは助けを必要としている人々であり、どのように支援すべきかという一方向的な見方になってしまう。マジョリティ側が聴きたい、外国につながる子どもの苦労や困難のストーリーであふれ、子どもはいつまでも支援されるべき存在として位置づけられる。またこれらの言葉は、子どもや家族がもともと持っている知識やスキル、資源を見えなくし、社会を構成する一市民として支え合う可能性もなくしてしまう（Zimmerman, 2000）。

　そのためエンパワメントのアプローチでは、支援者と被支援者という垂直の関係性ではなく、「参加者」「協力者」「コラボレーター」「パートナー」などの言葉に表れているように、関わる人々との水平で対等な関係性をつくることが重視される。私たちは外国につながる若者と関わる上でも、高校・NPO・大学の三者の協働を進める上でも、エンパワメントのアプローチから対等な関係性を築くことを大切にしてきた。外国につながる若者の声を聴き、対話を通し、若者から学ぶ。私たちは、どう自分たちの意識を変え、若者と共により生きやすい社会をつくっていくことができるのか。

　本書では、日本で育つ外国につながる若者たちと一緒に、多様な人々が共に生きられる社会をつくることを目指して、どのように一人一人がつながって、コミュニティを広げることができるのかを事例を通して考えていく。2015年から、東京都の定時制高校、NPO、大学の三者が協働して取り組んださまざまな実践について、関わった多様な方々の声を通して紹介する。本書を契機に、全国に広がる当事者、教員や学校、支援者・支援団体、専門家、大学、企業、行政などとつながり、外国につながる若者を支援する輪を広げていきたい。

　本章では、外国につながる若者の理解を深める視点や概念、背景知識を踏まえるために、日本の「外国人」受け入れの歴史や多文化化の状況、外国に

つながる子ども・若者の教育実態、外国につながる高校生を取り巻く状況について概観する。その上で、本実践において重視してきた、居場所づくり、ストレングス・アプローチ、地域支援ネットワークの三つの考え方について事例と共に考察し、序章の最後に各章の紹介をする。

2 ● 「外国人」受け入れの歴史と多文化日本

　ここでは、外国につながる子ども・若者を取り巻く日本社会の多文化化や「外国人」受け入れの歴史を概観する。日本は「単一民族国家」であるという認識が根強くあるが、北海道の先住民であるアイヌ民族や琉球・沖縄の人々など、歴史上多様なマイノリティが存在してきた。また、朝鮮半島より戦前から日本に移住し戦後残った人々やその子孫をはじめとする、在日コリアン（「オールドカマー」とも呼ばれる）もこれまで在留外国籍者数の多くを占めてきた。これらのマイノリティは差別や偏見、抑圧の対象として、長らく日本社会から排除されてきた歴史を持ち、さまざまな差別への闘いや運動を通して現在の多文化共生社会の礎を築いてきたともいえるだろう。

　1970年代後半以降、「ニューカマー」と呼ばれる「外国人」が増加し、多文化化がさらに進展した。フィリピンやタイなど東南アジアの国々から女性が「エンターテイナー」として「興行」の在留資格で来日し、また、同じ時期に、終戦後中国に残された中国残留日本人のうち、日本に帰国した人々やその子孫の中国帰国者が増加した。さらに、1975年のベトナム戦争終結後、日本は1981年に難民条約に加盟し、ベトナム・ラオス・カンボジアからインドシナ難民を受け入れた。バブル景気の労働力不足を解消すべく、1989年には入管法が改正され、戦前から戦後にかけてブラジルやペルーなどに移住した日系人やその子孫たちが、就労制限がない「定住者」という在留資格で来日した。多くが製造業等で非正規で働き、日本の経済を支えている。他にも国際結婚による移住が増加し、ベトナムやネパールをはじめ「技能実習生」や「留学生」として来日し非熟練労働市場に組み込まれるケースも急増している。本来の目的である、技能の獲得や勉学ではなく、安価な労働力として搾取されていることが問題となっている。2021年10月時点の「外国人雇用状況」を産業別に見ると、「製造業」が27.0％、「サービス業（他に分類

されないもの）」が16.3％、「卸売業、小売業」が13.3％となっており、これらの産業で多くの「外国人」が働いていることが分かる（厚生労働省, 2022）。

　人口減少と少子高齢化が加速し、労働力不足が顕著になるなかで、2019年4月には外国人労働者の受け入れを拡大する改正入管法が施行され、「特定技能」という在留資格が新しくつくられた。人手不足が深刻な建設、介護、農業、漁業など14業種で、5年間で約34万人受け入れることが決定された。これまで「サイドドア」や「バックドア」から外国人労働者を受け入れているとやゆされてきたが、「フロントドア」（入り口）から単純労働に従事する労働者を受け入れることが示されたことは、大きな転換点といえる。それに伴い、政府による「外国人材の受入れ・共生のための総合的対応策」や「日本語教育の推進に関する法律」など日本社会への定着を促進させる法律や施策なども出されている。

　2021年末の在留外国人数は276万635人で、前年末から4.4％減少した（法務省, 2022a）（図序‒1）。近年在留外国人数は増加傾向にあったが、2019年末から世界的に猛威をふるう新型コロナウイルス感染症の影響が大きいと考えられる。

　2021年12月末時点の在留外国人数を国籍・地域別に見てみると、多い順に中国（26.0％）、ベトナム（15.7％）、韓国（14.8％）、フィリピン

図序‒1　在留外国人の推移

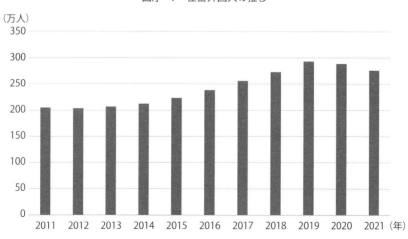

出所：法務省, 2022aをもとに作成

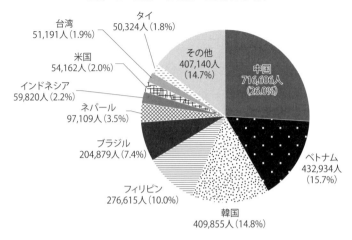

図序-2　国籍・地域別の在留外国人数

台湾
51,191人(1.9%)

タイ
50,324人(1.8%)

米国
54,162人(2.0%)

その他
407,140人
(14.7%)

インドネシア
59,820人(2.2%)

中国
716,606人
(26.0%)

ネパール
97,109人(3.5%)

ブラジル
204,879人(7.4%)

ベトナム
432,934人
(15.7%)

フィリピン
276,615人(10.0%)

韓国
409,855人(14.8%)

出所：法務省, 2022a をもとに作成

（10.0％）、ブラジル（7.4％）となっている（法務省, 2022a）（図序-2）。

　在留資格別に見ると、「永住者」が30.1％と最も多く、次に在日コリアンなどに与えられる「特別永住者」（10.7％）となっている。就労活動に制限のない「身分または地位に基づく在留資格」が付与される「定住者」（7.2％）、「日本人の配偶者等」（5.1％）、「永住者の配偶者等」などを合わせると、半数以上に上り、定住化が進展している。

　1990年の入管法の施行から約30年がたち、日本社会の住民・生活者として、地域に根差して生きる「外国人」が増加している。日本政府は「移民」[1]という言葉を使用せず、日本には社会統合政策もないが、実質的な移民社会といえよう。移民を日本社会に統合[2]していく上で頻繁に使用されるのが**多文化共生**という用語である。1990年代半ばから行政や市民団体を中心として、外国人住民の支援や異文化理解の文脈で使われてきた。文化の違いを理

（1）国連によると、「移民」とは、移住の理由や法的地位にかかわらず、本来の居住国を変更した人を指す（国際移住機関〈IOM〉http://japan.iom.int/migrant-definition　最終閲覧2022.11.20)。この定義を踏まえれば、国内には多くの「移民」が定住していることになる。本人や家族が国を移動した経験を持ち、日本社会に暮らしていることを捉える言葉である。

（2）社会学者の永吉希久子氏は移民の統合を「『移民』が日本社会の主要な制度に参加する過程」と定義する。教育や職業など社会経済的統合、つながりの形成など社会的統合、日本への帰属意識など心理的統合の三つのレベルで捉えている（永吉編, 2021: 7)。

解・尊重する、「生活者としての外国人」として捉えるなど重要なメッセージを持ちながらも、多文化共生の問題点も指摘されている。聞こえの良い言葉ではあるが、マイノリティとマジョリティの構造的な関係性やマイノリティの排除の歴史を見えなくしてしまうこと、日本人が「外国人」を受け入れてあげるという同化志向を強めてしまう危険性などが言われている（塩原, 2012）。そのような批判があることを引き受けながらも、本書では、あえて多文化共生という用語を用いることで、多様な背景を持つ外国につながる若者、教員、支援者、大学生・大学院生、研究者、行政関係者などが出会い、対話や交流を積み重ね、変容していく過程を捉えていきたい（⇒第1章・第2章）。

3 ● 多文化日本で育つ外国につながる子ども・若者たち

(1) 外国につながる子ども・若者の増加

　日本に暮らす外国につながる子ども・若者たちは、国籍、出身国、言語、在留資格、来日経緯、宗教、階層、教育歴、居住地（集住地域や散在地域）、家族構成など実に多様である。私たちが出会った若者たちのなかには、中国・ロシア・日本にルーツを持ち、それぞれの国の学校に通った経験があり、3か国語の名前を使い分ける生徒がいる。日本とフィリピンにルーツを持ち、両国を行き来して育ち、現在はフィリピンで暮らす若者もいる。中国と日本の親のもとに日本で生まれて、中国語よりも日本語の方が得意な生徒もいる。一人一人に多様な生い立ちや来日経緯、家族や学校経験があり、ひとくくりに語ることはできない。

　それでは、日本には、外国につながる子ども・若者がどのぐらいいるのだろうか。国籍、出身国、言語、在留資格別で見ると、どのような全体像が浮かび上がってくるのだろうか。残念ながら、今の日本社会では、その実態自体が十分に把握されていないのが現状である。ここでは限られたデータから分かることを紹介しよう。

　2021年12月末時点で18歳以下の外国籍者数は29万4350人おり、約10年間で25％増加している（2012年末から2021年末の増加率）。特にアジアの国々にルーツのある子どもが多く、国籍別で多い順に見ると中国、ブラジ

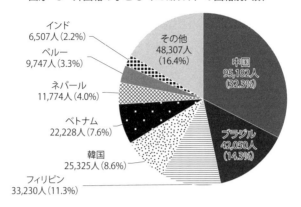

図序-3　外国籍の子ども（18歳以下）の国籍別人数

インド
6,507人（2.2%）

ペルー
9,747人（3.3%）

ネパール
11,774人（4.0%）

ベトナム
22,228人（7.6%）

韓国
25,325人（8.6%）

フィリピン
33,230人（11.3%）

その他
48,307人
（16.4%）

中国
95,182人
（32.3%）

ブラジル
42,050人
（14.3%）

出所：法務省，2022bをもとに作成

ル、フィリピン、韓国、ベトナムとなっている（法務省，2022b）（図序-3）。

　公立学校に在籍する外国籍の児童生徒数は、2021年度時点で11万4853人であり、10年間で58%の増加が見られる。高校に限定すると、9926人となっている（文部科学省，2022）。

　これらの数には、国際結婚や帰化などによる日本国籍の子どもは含まれていないので、実際の数はさらに増えると予想される。日本で生まれ育つ子どもも増えており、私たちの周りには、学び、働き、家族やコミュニティをつくり、日本社会の一員として生きている若者が多くいる。

　外国につながる子どもの教育実態を把握するのによく参照されるのが、文部科学省による「日本語指導が必要な児童生徒の受入状況等に関する調査」の結果である。この調査は1991年度に開始され、現在は2年おきに全国の公立小・中・高等学校、義務教育学校、中等教育学校および特別支援学校を対象に行われている。文部科学省の定義によると、「日本語指導が必要な児童生徒」とは、「1.日本語で日常会話が十分にできない者」「2.日常会話はできても、学年相当の学習言語が不足し、学習活動への参加に支障が生じている者で、日本語指導が必要な者」のことを指す。この名称は、日本語ができない子どもたちの課題を可視化させ、支援につなげる上で有効であるが、日本語力に問題がないと判断された子どもたちの実態はいまだ把握されていない。

　2021年度の公立学校に在籍する日本語指導が必要な児童生徒数は、5万

図序-4　日本語指導が必要な児童生徒数の推移

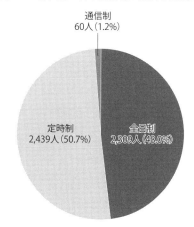

（人）

	34,007	33,184	37,095	43,947	51,126	58,307
	5,496	6,171	7,897	9,612	10,371	10,688
	28,511	27,013	29,198	34,335	40,755	47,619
	2010	2012	2014	2016	2018	2021（年）

■ 外国籍　■ 日本国籍

出所：文部科学省, 2022 をもとに作成

図序-5　課程別の日本語指導が必要な高校生数

通信制
60人（1.2%）

定時制
2,439人（50.7%）

全日制
2,309人（48.0%）

出所：文部科学省, 2022 をもとに作成

8307人で、10年間で1.8倍に増加した（図序-4）。

　公立高校に在籍する日本語指導が必要な生徒は、2021年時点で4808人おり、その数は10年間で2.2倍にもなる。課程別では、最も多く在籍しているのが定時制高校（50.7％）で、次いで全日制高校（48.0％）、通信制高校（1.2％）となっている（図序-5）。日本語指導が必要な高校生の在籍人数別の学校数を見ると、1人しか在籍していない学校が最も多い（文部科学省,

2022）。多くの場合、日本語指導が必要な生徒が少人数しか高校に在籍しておらず、十分な日本語指導や支援を受けにくい状況がある。

　本書の舞台となった東京都を見てみると、2021年度に公立学校に在籍する日本語指導が必要な児童生徒数は、4646人（外国籍3636人、日本国籍1010人）いる。外国籍の児童生徒の母語は63言語にわたり、多い順に中国語（43.0%）、フィリピノ語（10.5%）、英語（9.4%）、韓国・朝鮮語（2.5%）、ベトナム語（2.4%）である（東京都教育委員会, 2022）。

　高校に在籍する日本語指導が必要な生徒は791人（外国籍718人、日本国籍73人）おり、全国で最も多い人数となっている（東京都教育委員会, 2022）。東京都においても、多くの外国につながる生徒が定時制高校で学んでいる[3]。東京都の公立高校に在籍する外国籍生徒1460人のうち、定時制高校に在籍する生徒は464人にも上り、約32%が定時制高校で学んでいることが分かる（東京都教育委員会, 2021）。本書で紹介する東京都立一橋高校定時制のように、定時制高校が多くの移民生徒に学びの機会を提供し、セーフティーネットとしての役割を果たしている（⇒第1章）。

(2) 外国につながる高校生の教育実態

　日本語指導が必要な児童生徒が急増するなかで、上記の文部科学省の調査からはさまざまな課題も明らかになっている。日本語支援を受けていない児童生徒が全国で約2割（1万400人弱）もいることが、メディア等でも取り上げられている（毎日新聞取材班編, 2020）。また、2018年度の調査から新しく「高校生等の中退・進路状況」の調査項目が追加され、高校中退率や非正規就職率など、日本語指導が必要な高校生の教育課題が浮き彫りになった（⇒第6章）。2021年度の調査によると、日本語指導が必要な生徒の高校中退率は全高校生の6.7倍にも上り、大学等進学率は全高校生等の約7割にとどまっている（文部科学省, 2022）（図序-6）。

　この点は、日本学術会議地域研究委員会多文化共生分科会（2020）の提言

---

(3) 都立高校における外国につながる生徒の実態や支援状況については、以下の報告書を参考にされたい。
　　額賀美紗子・三浦綾希子・髙橋史子・德永智子・金侖貞・布川あゆみ・角田仁（2022）『外国につながる生徒の学習と進路状況に関する調査報告書——都立高校アンケート調査の分析結果』https://www.schoolexcellence.p.u-tokyo.ac.jp/reports/（最終閲覧2022.11.7）

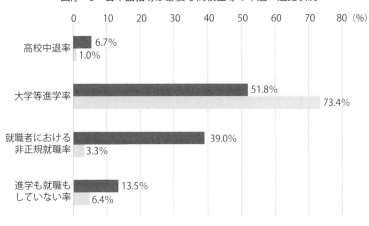

図序-6　日本語指導が必要な高校生等の中退・進路状況

出所：文部科学省、2022をもとに作成

においても「後期中等教育における外国人生徒に関する施策は、義務教育段階に比べて大幅に遅れている。とりわけ、高校進学率や中退率をめぐる全国平均と日本語教育が必要な外国人生徒の間の著しい格差は、早急に解消に向けた対策がなされるべきである」と問題視されている。

　同質性や平等性が重視される学校で外国につながる高校生と出会うと、生徒たちの日本語力や文化の違いなどに意識が向きやすい。日本語の力さえ習得すれば、学力も身に付き、進路も選択できる、という錯覚が起きてしまうかもしれない。しかし、高校生を取り巻く環境に意識を向けると、家庭環境、経済的な状況、学校での教師や生徒からのまなざし、居住する地域の特性、就労制限をはじめとして活動の制限がある在留資格などの要因が複雑に影響し合い、若者たちの困難をつくりだしていることが分かる。

　特に高校生にとって身近である家族が置かれている状況の影響も大きい。外国につながる子どもの家族は、非正規雇用など不安定な職業に就くことから生じる経済的な困難、日本語力や文化的スキルの不足など文化的障壁、さらに社会的ネットワークの不足などから、複合的な困難を経験している（額賀、2021）。私たちが定時制高校で関わった高校生のなかにも、ヤングケア

ラーと呼ばれる、家族を支える生徒たちが多くいた。アルバイトをして家計の経済的支援をしたり、家では弟や妹の面倒を見て、時には日本語ができない保護者の代わりにPTAの仕事を担い、行政や学校の書類の手続きを行うなど、見えにくいケアを担っていた。学校や地域、行政などの支援を受けにくいなかで、生徒たちが家族のケアを担うため、学校を続けることが難しくなり、不安定なアルバイトの生活を送ったり、高校卒業後に進学を選択することが困難になるケースもあった。

　そしてその背後には、構造的要因として、上述したような「外国人」の受け入れ施策（法律・制度など）、親の出身国の社会経済的状況、日本社会や学校での「外国人」への差別や偏見などが、間接的に困難をつくりだしている。もちろん外国につながる若者は経済状況や在留資格、家庭環境など多様でありひとくくりにすることはできない。しかし、なぜ私たちが彼らのエンパワメントや居場所づくりを目指すのか、本書で紹介する若者たちの置かれた状況をより深く理解することが求められているだろう。

　外国につながる高校生を取り巻く教育施策に目を向けても、高等学校は義務教育段階ではなく、「適格者主義」という考え方もあり、これまで彼らの支援体制が薄かった。外国につながる生徒の入試制度は自治体間の格差があり、公立高校入試における特別入学枠や特別入試を導入している自治体は一部にとどまっている（小島編, 2021）。しかし、近年、改正入管法の施行に伴い、外国につながる高校生をめぐる教育施策に大きな変化が見られている。2018年の関係閣僚会議において「外国人材の受入れ・共生のための総合的対応策」が決定し、そこには高校における外国人生徒への支援についても含まれた。2020年には、文部科学省が設置した外国人児童生徒等の教育の充実に関する有識者会議による「外国人児童生徒等の教育の充実について」がとりまとめられ、高校生の進学・キャリア支援や日本語指導の充実などが提言された。2021年の文部科学省中央教育審議会の答申「『令和の日本型学

---

(4) ヤングケアラーとは、「家族にケアを要する人がいるために、家事や家族の世話などを行っている18歳未満の子ども」（澁谷, 2018: i）のことである。

(5) 外国につながる子ども・若者を取り巻く家族や学校、地域などの状況の詳細は、以下を参考にされたい。
　　額賀美紗子・芝野淳一・三浦綾希子編（2019）『移民から教育を考える——子どもたちをとりまくグローバル時代の課題』ナカニシヤ出版

校教育』の構築を目指して」においても、「増加する外国人児童生徒等への教育の在り方」が盛り込まれ、外国人生徒の「進学・キャリア支援の充実」「異文化理解」「母語・母文化支援」などが明記された。また、2023年度から高校生への日本語指導が「特別の教育課程」として編成・実施できるようになり、外国人等の高校生の実態把握や指導体制の充実化を目指し「高等学校における日本語指導体制整備事業」も進んでいる。以上のように、ここ数年で外国につながる高校生の実態把握や支援体制整備に向けて大きな動きがある。今後先進事例が求められるなか、本書で紹介する協働の実践も参考になるだろう。

4 ● 外国につながる若者の居場所づくりとエンパワメント

　ここまで外国につながる若者を取り巻く社会や教育の状況を概観してきた。本節では、私たちの実践で重視してきた三つのキーワード、（1）居場所づくり、（2）ストレングス・アプローチ、（3）地域支援ネットワークについて取り上げ、事例と共に紹介する。

（1）居場所づくり

　居場所は日常用語としても使用されており、さまざまな意味を含みこむ概念であるが、①当事者の主観、②他者との関係性、③空間性という三つの軸から理解することができる（阿比留, 2012）。①は教員や支援者など周囲の大人が生徒の居場所を決めるのではなく、本人が居場所だと認識できる場であること、②は生徒の「声」に耳を傾け、受容する人がいる場であること、③は居心地の良さを感じる場所や空間であることである。①②③は重なり合っている。社会から周辺化・排除されやすい人たちが、ありのままの自分でいられる環境をどうつくることができるのだろうか。

　外国につながる子ども・若者の多くは、複層的な障壁を経験しており、学校と社会に居場所がないと言われてきた。特に、来日して間もない生徒た

---

(6) 高校段階の「特別の教育課程」の制度化に向けて、2021年9月には、文部科学省の高等学校における日本語指導の在り方に関する検討会議が「高等学校における日本語指導の制度化及び充実方策について」の提言をまとめた。

ちにとって、十分に理解できない日本語の環境に身を置き、学校や地域でもつながりが少ないなか、「自己受容感や自己肯定感、自己存在感を感じさせ、安定感や安心感といった感覚を実感させてくれるような居場所」（住田, 2003: 5）があることはとても重要である。私たちが定時制高校で関わった生徒たちも、日常的にステレオタイプや偏見を経験しており、日本語へのコンプレックスなども重なり、「自信がない」と語るケースが多かった。そのようななか、定時制高校における多言語交流部（ONE WORLD）の活動やシティズンシップの授業などに参加することで、学校や社会から受ける否定的なまなざしから自分を解放し、**文化・言語の仲介者**として複数の言語や文化を橋渡しする能力などのストレングスに気付き、自己肯定感を高めていた（Tokunaga, 2021）。ONE WORLDで部長を2年間務めた曽根樹理亜さんは、部活動を振り返り、「安心できる場所」や「精神的に安心できる場所」の重要性を語っている。「部活が学校のためになるより、生徒たちの人生に残るようなものがあると自信を持てる」と話す（⇒コラム1）。シティズンシップ授業を受けていた高校生たちのなかにも、市民として授業に参加していた大人たちが真摯に自らの「声」に耳を傾けてくれた経験を通じて、授業に安心感や信頼感を持ち、授業が居場所になっていく様子が見られた（⇒第2章）。部活動や授業で居場所を見出していく生徒たちがいた一方で、それらが居場所にならなかった若者たちもいる。ONE WORLDで生徒たちが英語を使って体を動かすゲームを実施していた時期には、日本生まれ・日本育ちの「ハーフ」の子や、中国ルーツの生徒などが周辺化されてしまい、居場所のなさを感じてしまうこともあった。誰にとっての居場所なのか、どのように複数の居場所をつくることができるのか、居場所づくりの難しさが残る（Tokunaga, Machado Da Silva & Fu, 2022）。

　居場所づくりにおいて、大人の価値観や規範に基づき、大人が居場所づくりを主導する政策や実践が多いなか、当事者である子ども・若者の経験やニーズを理解し、子ども・若者が参画できる居場所を共につくることが重要ではないか。子ども・若者の参画について考える場合、ロジャー・ハートの**「参画のはしご」**、つまり「非参画」から「参画」への段階の移行を示したモデルが参考になる（子どもの参画情報センター編, 2002）。第1段階である「操り参画」や、第3段階の「形だけの参画」から第8段階「子どもが主体的に

取りかかり、大人と一緒に決定する」に至るまで、子どもの参画には相当な幅があり、段階を踏んで子ども・若者との協働による実践を深めていくプロセスがある。本書で紹介する、ONE WORLDの実践においても、活動初期は教員や支援者などの大人が高校生に活動内容の希望など意見を聞くことが多かったが、年数を重ねていくうちに、大人のサポートも受けながらコアメンバーの高校生が活動の企画や運営を主体的に担うようになっていった（⇒第1章、コラム1）。大人が伴走するなかで当事者が認識する居場所をどのように共につくることができるのか、本書を読み進めながら考えていきたい。

(2) ストレングス・アプローチ

　冒頭でも述べたが、私たちの実践ではエンパワメントの視点を重視しており、特に欧米で移民の子ども・若者の教育支援を担うNPOのユース・プログラムに影響を受けている（⇒第4章）。

　なかでもアメリカで移民の子ども・若者・家族を支援するCBO（Community-Based Organization）（地域に根差した支援団体）と呼ばれるNPOの実践は参考になる。CBOは、子どもや若者を「問題」としてまなざす「欠如モデル」ではなく、彼らが本来持っている資源やつながり、能力などを認識し、活かす「ストレングス・モデル」に基づく**ストレングス・アプローチ**をとっている（徳永, 2021）。マイノリティへの差別があるなかで、移民の子ども・若者に対して、言語力や学力、家庭などの「問題」に目が向きがちであり、特に学校ではネガティブなまなざしが向けられやすい。しかし、CBOでは、子どもたちが日常的な困難や課題に対応するために資源やネットワークを動員している能力を評価し、その力を引き出し、活かす発想をとっている（Tokunaga, 2018; 徳永, 2021; Weis & Dimitriadis, 2008）。

　具体的には、子どもの文化や言語を尊重し、生徒のリーダーシップの育成やアイデンティティの形成を目指し、多様な取り組みが展開されている（Heath, 2001; Roffman, Suarez-Orozco, & Rhodes, 2003; Weis & Dimitriadis, 2008）。日本の地域による支援では、外国につながる子どもが日本語を習得し、学校での学びに追いつき、将来的に進学や就職ができるよう、日本語支援や教科支援、進路支援が行われることが一般的である。もちろんこれらの支援が重要であることは踏まえながらも、CBOでは支援の幅が学習支援を

超えて、演劇やダンス、音楽などアートに基づく活動、スポーツ、メンタリング、世代間交流、母語教室など、多岐にわたる。筆者がアメリカ東海岸の中華街でアクションリサーチを実施したCBOでも、中国系移民の高校生を対象にリーダーシップの育成やエンパワメントを目指したユース・プログラムを展開していた（徳永, 2021）。生徒たちが中国語と英語のバイリンガルであり、バイカルチュラル・アイデンティティを持つことを尊重し、自己肯定感を高める働きかけが見られた。また、生徒たちが暮らしている中華街の歴史や課題を学び、地域のリーダーとして課題解決に向けてさまざまな活動や運動に参加する取り組みもあった。

　CBOが重視していることの一つに**ライフスキル**の育成がある。ライフスキルとは、衣食住や金銭管理など日常生活を送る上で必要なスキルや、交通機関の利用、時間管理、人との交流、安全管理などのコミュニティスキルが含まれ、自立した大人になるために必要と言われている（Aviles & Helfrich, 2004）。特に複数の文化のはざまを生きる移民の子ども・若者にとって、文化の違いを理解し、柔軟に対応したり、差別を経験しやすいホスト社会で肯定的なエスニック・アイデンティティを形成するための文化的スキルを身に付けることは重要である（Simpkins et al., 2017）。もちろん、マジョリティの子どもや大人も文化的スキルを習得し、異なる背景を持つ人々と交流し、多様化する学校や社会をつくっていくことも求められている。

　本書で紹介するONE WORLD、インターンシップ、アクションリサーチにおいても、ストレングス・アプローチがとられ、文化的スキルを含めたライフスキルの育成が目指された。ONE WORLDでは、部活動に集う高校生が多様な言語や文化に触れ、その違いを理解・尊重し、時には誤解や葛藤が生まれる場面を経験しながらも、柔軟に対応していく力を身に付けていった。日本生まれ・日本育ちで、海外で暮らした経験のない高校生や大学生、教員も、多文化の場での交流が文化的スキルを身に付けるきっかけとなった（⇒第1章、コラム3）。また、本書の編者である海老原周子さんが代表理事を務める一般社団法人kuriyaでも、外国につながる若者たちが経済的に厳しい状況に置かれ、さまざまな困難に立ち向かうためにもライフスキルを身に付ける必要性から、高校生以上の若者を対象とした「実践型インターンシップ」のプログラムを企画・実施している（⇒第4章）。本書では、国内のマイ

ノリティ支援においてなじみのないストレングス・アプローチが授業や部活動、学校外の活動のなかでどのように活かされてきたのかを皆さんと共に考えていきたい。

（3）地域支援ネットワーク

　外国につながる子ども・若者の支援を行う上で、学校やNPO、大学などさまざまなアクターが対話をし、関係性を結びながら、**地域支援ネットワーク**をつくることが求められている。前に述べた、アメリカのCBOの教育支援の取り組みにおいても、CBOが単独で支援をするのではなく、他のCBO・学校・企業と協働したり、地域の大学と研究・教育のパートナーシップを構築したり、コミュニティの多様なアクターと共に支援をしている。比較教育学を専門とする野津隆志氏は、アメリカでベトナム人生徒たちへの支援活動を調査し、このような教育支援の在り方を「ネットワーク型支援」と呼ぶ。その基本理念として「地域社会のさまざまな人や資源を利用し、多様で水平的なつながりのなかから支援を模索し構築すること」（野津, 2007:3）を挙げている。アメリカは市民活動の長い歴史があり、多様な組織や人が対等なネットワークをつくりやすい土壌があり、日本の状況とは異なるかもしれない。

　日本でも長い間、子ども・若者を支援していく上での連携・協働の重要性は指摘されており、多くの実践の積み重ねがある。例えば、学校・NPO・行政などとの連携により、全国の高校でさまざまな困難を抱えている若者を支援する「居場所カフェ」（居場所カフェ立ち上げプロジェクト編, 2019）が展開されている。外国につながる高校生の支援においても、県とNPOが協働したコーディネーターの派遣（坪谷・小林編, 2013）をはじめとして、多様な取り組みが見られる。

　私たちが考える**協働**とは、行政からの「委託」や学校の「補完」などのかたちではなく、それぞれが対等な立場で課題を共有し、互いの強みを活かし、共に課題解決を目指すことである（野津, 2008）。また、振り返りを積み重ね、そのプロセス自体も大事にしている（⇒おわりに）。高校教員、NPOスタッフ、大学教員という立場による違い、対話の時間を取る難しさなどさまざまな課題はありながらも、関係性を築き、部活づくりや授業づくり、ア

クションリサーチなど、かたちを変えながら、協働の実践に取り組んできた。アクションリサーチも、大学に所属する研究者が単独で進めるのではなく、外国につながる若者、NPOスタッフ、大学の研究者と異なる立場の人々が、フラットな関係性を築き、リサーチからアクションに至るまで協働して進めた（⇒第5章、コラム5）。

　また、支援のネットワークづくりだけでなく、ネットワークを活かして、協働して課題を社会に発信し、制度の充実化を訴えていく働きかけもなされてきた。特に外国につながる子ども・若者の課題が見えにくく、彼らの「声」が社会に十分に届かない状況があるなかで、支援者が権利を侵害されている当事者に代わって「声」を上げていく**アドボカシー**[7]がなされてきた。アドボカシーは、1989年に国連で採択された子どもの権利条約において、子どもの意見表明や参加の権利について定められたことをきっかけに、近年の日本の子ども・若者をめぐる政策や実践でも注目されている。kuriyaは、ONE WORLDでのフィリピンルーツの高校生との出会いをきっかけとして、関わりのあるNPOや教員など、多様な人々と協働しながら、政策提言をしている（⇒第6章）。マイノリティの支援の文脈では、課題を問題化し、敏速に柔軟に行動するNPOの役割が言われている。NPOは、行政や民間から独立し、専門性を持って、対等な立場でさまざまな組織と対話し、特定の課題を機敏に解決していく力を持つ（野口, 2003）。2018年に政府が「外国人」の受け入れを議論していた時期にkuriyaがネットワークを活かしながら他団体と共に、外国につながる高校生の課題や支援の必要性について政策提言をしていくプロセスから学ぶことは大きい。本書では、高校の教員が、高い志を持つ教員や支援者が複数いてもつながることができていない状況を憂慮し、教員や弁護士、NPO、研究者などとネットワークをつくり、外国につながる生徒の教育課題を社会に発信し、連帯してアドボカシーをする事例も紹介している（⇒コラム8）。また、本書では支援を受けた若者たちが「声」を上げていくユースアドボカシーの試みとして、定時制高校の卒業生が自らの経験をもとに理想の学校について語り、その「声」をもとに学校や教育行

---

(7) 子ども・若者の「声」を聴くことの意味やアドボカシーについては、栄留里美・長瀬正子・永野咲（2021）『子どもアドボカシーと当事者参画のモヤモヤとこれから――子どもの「声」を大切にする社会ってどんなこと？』明石書店、が参考になる。

政への提言も試みている（⇒第7章）。異なるステークホルダーが出会う際に
さまざまな葛藤や障壁があるなかで、どう地域支援ネットワークを広げて、
当事者も巻き込みながら、外国につながる子ども・若者の教育を充実化でき
るのか、本書を通して共に考えていきたい。

5 ● 外国につながる若者とつくる未来──各章の紹介

　本書では、定時制高校・NPO・大学が協働して取り組んだ実践について、
関わった方々の立場から紹介していく。

　第Ⅰ部では、学校編として、一橋高校の部活動と授業を通した居場所づ
くりと多文化共生の取り組みについて考察する。第1章では、本書の編者
でもある高校教員の角田仁先生の立場から、定時制高校の外国につなが
る生徒の状況、支援体制づくり、NPOと大学との協働による部活づくり
（ONE WORLD）のプロセスについて検討している。コラム1では、ONE
WORLDに参加した卒業生や留学生4名の声が紹介され、コラム2ではONE
WORLDの元顧問の一人である小林佳朗先生が、活動の報告や意義につい
て書いている。コラム3では、大学生と共に部活づくり関わった筆者の立場
から、ONE WORLDを通した異文化交流の可能性や課題について考察して
いる。第2章では、角田先生とNPOカタリバのスタッフの視点から、定時
制高校において、学校・NPO・市民の協働を通して実践したシティズンシッ
プの授業の取り組みや様子について紹介し、成果と課題を検討している。第
3章は、座談会形式をとり、多様な文化的・言語的背景を持つ当事者の若者
4名と共に、これまでの学校生活も振り返りながら、「外国ルーツ」や「移
民」などの呼び方をどう考えており、どう呼ばれたいのかなど、呼称の問題
について議論している。

　第Ⅱ部では学校外編として、NPOによるインターンシップ・プログラム
と大学・NPO・外国につながる若者の協働によるアクションリサーチのプ
ロジェクトを紹介し、ストレングス・アプローチの可能性について考えてい
く。第4章では、海老原さんがkuriyaのこれまでの活動を振り返り、外国に
つながる若者向けのインターンシップ・プログラムをつくった背景や実践内
容、成果について紹介している。続くコラム4では、マレーシアのアーティ

ストのオクイ・ララさんが、外国につながる若者が持つストレングスやアートの可能性について語ってくれた。第5章とコラム5、6、7は、新型コロナウイルス感染症の感染拡大の初期の時期に、定時制高校を卒業した外国につながる若者2名（ユースリサーチャーと呼ぶ）と共に実践した若者参加型アクションリサーチ（youth participatory action research: YPAR）のプロジェクトに焦点を当てる。まず、第5章では、筆者の立場から、YPARプロジェクトの概要、研究を通して浮かび上がってきたコロナ禍の若者たちの姿、ユースリサーチャーの変容について書いている。続くコラム5では、プロジェクトに関わった大学院の留学生であるディネス・ジョシさんと海外在住経験のある田畑智子さんの視点から、これまで参加してきた多文化共生に関するプロジェクトやイベントとの比較を通して、YPARの特徴や強みについて考察している。コラム6では、プロジェクトのメンバーであるNPOカタリバスタッフの渡邉慎也さんが、YPARとの出会いや若者たちとの関わり方を振り返り、伴走する大人の支援者の在り方について紹介している。コラム7では、2名のユースリサーチャーであるパオロさんとシャ・アルジュンさんとの振り返り対談を収録し、彼らにとっての「研究」の意味やプロジェクトに参加したことの変化、社会へのメッセージを書いている。

　第Ⅲ部では実践からアドボカシーとして、NPOや高校教員が外国につながる若者を支援してきた教育現場での経験をもとに社会に発信する意義について考えていく。第6章では、海老原さんの視点から、kuriyaが定時制高校やこれまでの若者支援の経験をもとに、現場の声を政府に届けるまでのプロセスについて、工夫した点も含めて紹介している。コラム8では、角田先生と海老原さんとの対談形式で、長年外国につながる生徒の支援や活動を精力的に続けてこられた角田先生が、支援のネットワークをつくり、アドボカシー活動を続けることの意義や思いについて振り返る。第7章では、本実践に関わった若者たち4名が思い描く理想の学校について聴き取り、その上で編者から学校や教育行政への提言を試みている。

　最後に、編者がどのようなモチベーションでONE WORLDに関わり続け、協働を深めてきたのか、これから目指すことをテーマとして振り返りの対話を収録している。

　外国につながる若者たちは、複数の国や文化、言語をつなぎ、新しいコ

ミュニティをつくるなど、グローバル化のパイオニアである（Tokunaga, 2018）。若者の可能性が発揮され、ウェルビーイングが保障される社会をつくるには、私たちはどのようにつながり、協働することができるのか。本書が、多文化共生の未来を目指して、皆さんと共に考えるヒントになれば幸いである。

【参考文献】

阿比留久美（2012）「『居場所』の批判的検討」田中治彦・萩原建次郎編著『若者の居場所と参加——ユースワークが築く新たな社会』東洋館出版社、35–51頁。

Aviles, A., & Helfrich, C. (2004). "Life Skill Service Needs: Perspectives of Homeless Youth". *Journal of Youth and Adolescence*, 33(4), 331–338.

Heath, S. B. (2001). "Three's Not a Crowd: Plans, Roles, and Focus in the Arts". *Educational Researcher*, 30(7), 10–17.

法務省（2022a）「令和3年末現在における在留外国人数について」https://www.moj.go.jp/isa/content/001370057.pdf（最終閲覧2022.6.24）

法務省（2022b）「在留外国人統計（2021年12月末）」https://www.e-stat.go.jp/stat-search/files?page=1&layout=datalist&toukei=00250012&tstat=000001018034&cycle=1&year=20210&month=24101212&tclass1=000001060399&result_back=1&tclass2val=0（最終閲覧2022.7.31）

居場所カフェ立ち上げプロジェクト編著（2019）『学校に居場所カフェをつくろう！——生きづらさを抱える高校生への寄り添い型支援』明石書店。

小島祥美編著（2021）『Q&Aでわかる外国につながる子どもの就学支援——「できること」から始める実践ガイド』明石書店。

厚生労働省（2022）「外国人雇用状況」の届出状況まとめ（令和3年10月末現在）https://www.mhlw.go.jp/content/11655000/000887554.pdf（最終閲覧2022.7.31）

子どもの参画情報センター編（2002）『子ども・若者の参画——R.ハートの問題提起に応えて』萌文社。

毎日新聞取材班編（2020）『にほんでいきる——外国からきた子どもたち』明石書店。

文部科学省（2022）「日本語指導が必要な児童生徒の受入状況等に関する調査結果について」https://www.mext.go.jp/content/20230113-mxt_kyokoku-000007294_2.pdf（最終閲覧2023.1.20）

永吉希久子編（2021）『日本の移民統合——全国調査から見る現況と障壁』明石書店。

野口道彦（2003）「都市共生社会学のすすめ」野口道彦・柏木宏編著『共生社会の創造とNPO』明石書店、17–45頁。

野津隆志（2007）『アメリカの教育支援ネットワーク——ベトナム系ニューカマーと学校・NPO・ボランティア』東信堂。

野津隆志（2008）「ニューカマー支援NPOと学校・教委・行政の連携——神戸の事例より」『異文化間教育』28号、10–20。

額賀美紗子（2021）「不可視化される移民の子どもたちの複合的困難——グローバ

ル化する日本社会に求められること」恒吉僚子・額賀美紗子編『新グローバル時代に挑む日本の教育——多文化社会を考える比較教育学の視座』東京大学出版会、27–44頁。

Roffman, J., Suarez-Orozco, C., & Rhodes, J. (2003). "Facilitating Positive Development in Immigrant Youth: The Role of Mentors and Community Organizations". In D. Perkins, L. M. Borden, J. G. Keith, & E. A. Villaruel (eds.), *Positive Youth Development: Creating a Positive Tomorrow* (pp. 90–117). Brockton: Kluwer Press.

澁谷智子（2018）『ヤングケアラー——介護を担う子ども・若者の現実』中央公論新社。

塩原良和（2012）『共に生きる——多民族・多文化社会における対話』弘文堂。

Simpkins, S. D., Riggs, N. R., Ngo, B., Vest Ettekal, A., & Okamoto, D. (2017). "Designing Culturally Responsive Organized After-School Activities." *Journal of Adolescent Research*, 32(1), 11–36.

住田正樹（2003）「子どもたちの『居場所』と対人的世界」住田正樹・南博文編『子どもたちの「居場所」と対人的世界の現在』九州大学出版会、3–17頁。

武田丈（2015）『参加型アクションリサーチ（CBPR）の理論と実践——社会変革のための研究方法論』世界思想社。

東京都教育委員会（2021）「令和3年度　公立学校統計調査報告書【学校調査編】」https://www.kyoiku.metro.tokyo.lg.jp/administration/statistics_and_research/academic_report/report2021.html（最終閲覧2022.6.24）

東京都教育委員会（2022）「令和3年度日本語指導に関する資料——日本語指導が必要な児童・生徒への指導」https://www.kyoiku.metro.tokyo.lg.jp/school/document/japanese/files/document/r4-3.pdf（最終閲覧2022.6.24）

Tokunaga, T. (2018). *Learning to Belong in the World: An Ethnography of Asian American Girls*. Singapore: Springer.

Tokunaga, T. (2021). "Co-Creating *Ibasho* at a Part-Time High School in Tokyo: Affirming Immigrant Students' Lives through Extracurricular Activities". *Educational Studies in Japan*, 15, 27–39.

Tokunaga, T., Machado Da Silva, I, & Fu, M. (2022). "Participatory Action Research with Immigrant Youth in Tokyo: Possibilities and Challenges of *Ibasho* Creation Project". *Annals of Anthropological Practice*, 46 (1), 40–51.

徳永智子（2021）「アメリカのNPOによる中国系移民生徒の教育支援——ストレングス・アプローチから」恒吉僚子・額賀美紗子編『新グローバル時代に挑む日本の教育——多文化社会を考える比較教育学の視座』東京大学出版会、113–128頁。

坪谷美欧子・小林宏美編著（2013）『人権と多文化共生の高校——外国につながる生徒たちと鶴見総合高校の実践』明石書店。

Weis, L., & Dimitriadis, G. (2008). "Dueling Banjos: Shifting Economic and Cultural Contexts in the Lives of Youth". *Teachers College Record*, 110(10), 2290–2316.

Zimmerman, M. A. (2000). "Empowerment Theory: Psychological, Organizational and Community Levels of Analysis". In J. Rappaport & E. Seidman (eds.), *Handbook of Community Psychology* (pp. 43–63). Boston: Springer.

第Ⅰ部　学校編

部活動と授業による居場所づくりと
多文化共生の取り組み

多文化共生社会をつくる定時制高校での部活動の実践

外国につながる生徒たちとの居場所づくり

角田仁

1●はじめに──多様な生徒を受け入れる定時制高校

　東京都立一橋高校定時制には、たくさんの外国につながる生徒たちが通っている。私が勤務していた時期は、中国、フィリピン、ネパールの生徒が多いが、ミャンマーやタイの生徒もいた。生徒たちが最も多く住んでいる地域は、江戸川区である。それ以外の地域は、江東区、葛飾区、墨田区、台東区など東京の下町と呼ばれる地域や、足立、荒川区、新宿区、大田区など東京23区の地域である。一橋高校は、三部制と単位制という新しい仕組みを持った定時制高校だ。午前、午後、夜の時間帯にそれぞれ部が置かれ、これまで4年かけて生徒が卒業するところを、3年で卒業することが可能となり、大学のように自分の希望する教科・科目を、幅広く選択できる単位制というシステムを採用している。また、ほとんどの東京都内の夜間定時制高校は、一つの学年が1～2クラスと寺子屋のような小さな学校であるのに対し、一橋高校は1学年だけで8クラスもあり、4学年合わせて、全校で32クラスという大きな定時制高校である。

　定時制高校というと、昼間は働き、夜に学校に通うというイメージがあるが、今、定時制高校は「教育界のセーフティーネット」と呼ばれているように、実にさまざまな背景のある生徒たちが通っている。中学校に通っていなかった「不登校」の生徒、学ぶ機会が与えられてこなかった生徒、全日制高校から「進路を変更」してきた（させられてきた）生徒、経済的に困難を抱

えている生徒、病気や「障がい」など特別な支援を必要とする生徒、ひとり親の家庭の生徒たちが通っている。

　近年は、外国につながる生徒が増加している。日本社会には多くの外国人が住み、日本で働く外国人労働者も多い。現在、日本社会が「外国人なくして日本なし」とも言われるように、日本で働く外国人の子どもたち、家族が通っているのが定時制高校である。こうした高校生たちの存在はあまり知られていない。外国につながる生徒にとって、日本の高校の仕組みと教育は、壁が厚く、さまざまな困難がある。無事に進級し卒業ができるのか、ということはもちろんだが、毎日の登校が大変な生徒もいる。高校は授業に欠席が多いと「欠席（欠時）オーバー」となり、単位が取れなくなる。家を出て電車やバスに乗り、この一橋高校に3年もしくは4年間、休まず通い続けることはとても大変なことだ。高校の世界でよく使われる言葉がある。「高校は義務教育と違う」である。欠席が続くと「進路変更」や「退学」ということにもなりかねない。高校中退は避けたいことだが、定時制高校は中退がとても多いことも事実である。かつて東京都から毎年公表されていたデータでも、多い時で毎年100人近くの生徒が中退していた三部制定時制高校もある。

　とはいえ、定時制高校だから高校に通うことができた、定時制高校が自分に合っていた、という生徒や卒業生もいる。

　中学校では不登校だったが、夜間定時制高校に入学し、授業を休まず、教室の前の方に毎日座り続け、優秀な成績で卒業し、大学に進学していった生徒たちもいる。あるいは、校則がゆるやかだからよかった、大人扱いしてくれるのがいい、制服がないのも好きだ、などの声も聞くことができた。60代や70代で入学された方もいて、歴史の授業で、小さい頃経験した東京大空襲のことを思い出すのが怖いと話された。

　また、定時制高校は働きながら学べる学校である。アルバイトは禁止、という高校とは異なる。生徒たちは高校に入学して、1年生の夏ぐらいから、アルバイトを始めるようになる。アルバイトの面接が通るか、通らないか、ということは、定時制高校の生徒たちにとって、大きな試練であり、経験となる。ただ、アルバイトに集中するあまり、授業や部活動を休みがちになり、欠席や遅刻が増えるようになることも時々見られる。ある定時制高校で

のことだが、中国にルーツのあるAさんは、入学してから、日本語の支援
が必要だったので、個別授業を受けていた。ところがやがて、学校を休みが
ちになり、ある日、担任からAさんが学校を退学したことが会議で報告さ
れた。とても真面目な生徒だったが、彼は学校の授業が終わった放課後、夜
9時頃から都内の大きな市場に行き、そこで朝まで一晩中働くアルバイトを
していた。仕事内容は、荷物の運搬できつい仕事だった。彼が高校を退学す
る時、どうして退学するのか尋ねた。学校で日本語を勉強する機会もあまり
なかったため、たどたどしい日本語を使い、自分の体を指で示して、仕事を
して体を壊してしまったことを、一生懸命私に伝えてくれた。外国から親が
働く日本の大都市東京に来て、自分も深夜労働を続けて、体を壊して学校を
退学することになった一人の若者のことが今でも気にかかっている。彼は今
どうしているのだろう。

　経済的に厳しい状況に置かれている生徒たちが多くいる。働くことで家の
支えにもなっている生徒もいる。保護者のお母さんと一緒にホテルでベッド
メイキングや清掃の仕事に従事していたが、コロナ禍で仕事がなくなった生
徒、授業が終わるとアルバイトに一目散に駆け出していく生徒、仕事をして
疲れて授業中につい寝てしまう生徒たちもいる。

　あるいは、高校を休みがちな生徒のなかで、兄弟姉妹の面倒を見る、親戚
の子どもの世話をするということを、生徒たちと面談をすると、時々聞くこ
とができた。大事な就職活動の時期になったのに、早退を繰り返し、学校を
休みがちになり、大事にしていた部活動も行かなくなったフィリピンにルー
ツのあるBさんがいた。Bさんはある運動部の中心メンバーの一人であった
が、部活の顧問の先生に尋ねると、部活も最近来ないんだよ、という返事で
あった。Bさんに、心配して話しかけると、親戚の小さい子どもの面倒を見
るのでどうしても早く帰らなくてはならない、と答えてくれた。学校を休み
がちなので、成績は下降気味であったが、英語検定の準1級を楽々とパスす
るほどの実力で、就職活動も何とか間に合い、海外にも展開している飲食業
のチェーン店に採用が決まった。フィリピン語だけでなく、英語も堪能で、
日本語も上達してきた。複数の言語を持ち、部活動のリーダーとして活躍し
た経験を持つBさんは、将来がとても有望である。

　定時制高校はこうした生徒たちが通うことのできる高校である。働きなが

ら勉強するということは、私も経験があるが、それがどれだけ大変なことかは、本人でないと分からないと思う。定時制高校は働く高校生にとって、とても大切な高校でもある。

近年、夜間中学が学び直しの機会の保障という目的のため、その充実が図られているが、定時制高校も同じである。生徒に寄り添いながら、試行錯誤しながら生きている若者たちを包み込む「居場所」の役割を果たしているといえる[1]。

本章では、定時制高校でどのように外国につながる生徒たちを支援する仕組みをつくったのかについて紹介する。特に外国につながる生徒と日本人生徒とが一緒になった居場所づくりを、学校外の方と協働して取り組んだことの報告である。

2●外国につながる生徒たちとの出会い

私は1987年に、ある島しょの定時制高校に新任教員として赴任して以来、定時制高校5校に、勤めてきた。途中、全日制高校にも勤務したが、教員生活のスタートを切った生徒8人、教員8人という伊豆諸島にある、実に小さな定時制高校での経験があまりにも大きく、深く、時には重く、また楽しくもあったせいか、定時制高校ばかり経験するに至った。

定時制高校のほとんどは制服がなく、生徒は私服である。なかには制服を着てくる生徒もいるのだが、私服の生徒たちを見ていると、とても自由な学園生活のように思える。そのような定時制高校の光景のなかで、外国につながる生徒たちがいることに気づいてゆく。

一橋高校に来る前に経験してきた夜間定時制高校では、増えてきた外国につながる生徒たちに関わり、授業、部活動、学校行事、公開講座などで、多くの方々の協力や助言をいただき、さまざま試行錯誤しながらチャレンジしてきた。一橋高校でも、生徒や学校の状況はどうなっているのか、課題は何か、どのような取り組みが求められているのか、考え続けた。一橋高校の会議で先生方の話を伺い、学校の資料等を読むなかで、高校中退が多いこと、

---

(1) 文部科学省（2020）「定時制課程・通信制課程の現状について」https://www.mext.go.jp/content/20200522-mxt_koukou02-000007159_32.pdf（最終閲覧2022.11.15）

卒業に結びつかない生徒たちが多くいることが分かった。確かに定時制高校は中退が多かった。新任での島の定時制高校の経験を思い出す。1年生の授業を担当していた時、2人しかいないクラスで、その2人ともが中退してしまったのだ。この時、高校中退という現実に直面した。どうしてこの生徒たちは中退してしまったのか。学校に合わなかったからだ、そう考えることはたやすい。よく学校現場で教員の間で話される会話に、「あの生徒は高校に向いていなかった」「仕事の方がしたかったようだ」「社会に出て本当に勉強をしたくなってから高校に再入学すればよい」などというものがある。さらに「高校は義務教育ではないのだから」という決め台詞もある。

　この島の定時制高校はとても面倒見がよい学校であった。生徒たちの振る舞いにも寛容で、長い目で見る温かい先輩教員たちが周りにいた。もちろん教員間の意見の違いもあった。ところで、その島には、とても小さな飲み屋通りに1軒だけフィリピンパブがあった。島では有名なお店であったようだが、まだ20代の私でも、その時、このような東京から離れた島であるが、地域に外国人が働き、生活していることに気づかされた。そして日本人社会がそこに映し出す夜の華やかさの一方にある、外国人への偏見も同時に感じることができた。

3 ● 地域との協働による部活づくり

　一橋高校では、授業で出会った外国につながる生徒たちに声をかけて、部活動をつくろうと思った。この高校に来る前、生徒たちと部活動をつくり、一緒に活動した経験があったからだ。都立大森高校定時制では、授業が全て終わった放課後、夜9時からフィリピンにルーツのある生徒の日本語の勉強のために国際交流部をつくった。学校のすぐ近くにある地域で日本語教室に取り組んでいる外国人支援のNGOに相談し、日本語教育の支援者を派遣していただいた。このNGOとの出会いは、この団体のスタッフがある2人の中国にルーツのある生徒の入学を求めて来校した、1998年にさかのぼる。

　このNGOは「外国人とともに生きる大田・市民ネットワーク（OCNet）」であり、外国人の法律問題や家族の支援活動を行うとともに日本語教室を開いていた。興味深いのは、教室での学習の手法である。スタッフと日本語を

学ぶ人たちとの関係は一方的に「教える」「教わる」関係でなく、日本語を学ぶ人たちを「生徒」と呼ばず「学習者」と呼んでいた。学校のすぐ近くの地域でこのような「本来の学校」とも呼べる学習＝教育活動があることに驚いたが、何よりもまず、高校が地域のことを何も知らなかった。既に東京は地域の国際化、多文化化が進んでいたこと、そして地域に住んでいる外国人を支え、共に生きていこうとする日本人と外国人がいることに初めて気づかされたのである。この出会いから、大森高校でOCNetと協働した教育活動を試みることになった。まずは文化祭など学校行事に参加してもらい、OCNetで学んでいる外国人の方による屋台をつくり、NGOの活動内容を展示パネルで紹介していただいた。高校生とゲームをしたりもした。このような交流を通して教員や生徒にNGOの活動を知ってもらってから、学校内で話し合い、ある教育プログラムを実践することになった。「NPO等と学校教育との連携の在り方についての実践教育研究」（文部科学省）の募集があり、わずか2週間という募集期間にもかかわらず、OCNetの当時の代表のTさんに急きょ相談したところ、快諾していただいた。こうして協働プログラムが始まった。高校側とNGOが協働して、学校の新たな教育活動を開発し、実践していく試みである。ここでの実践の経験は、その後の一橋高校での部活動やシティズンシップの授業にもつながった。

4●一橋高校に赴任して──居場所の部活動の顧問になる

　私はその後、一橋高校に赴任した。この学校でも、廊下を歩き、教室を見回すと、外国につながる生徒たちの姿を見ることができた。さらにクラスの担任になり、フィリピンやタイにルーツのある生徒たちが在籍していることも分かった。学校の教員は多忙で、一日はあっという間に過ぎてしまう。一橋高校は大きな定時制高校のため、文化祭や体育祭、健康診断、入試、防災訓練などの学校行事の規模も大きくその運営は大変だった。なかでも多忙な時間は、夕方の4時から5時台にかけてである。この時間帯に、授業以外の業務が集中している。職員会議、研修会、打ち合わせ、生徒や保護者との面談、補習、進路の相談、そして部活動などがあり、教員も生徒も、走り回ることになる。そんななか、言語研究部という部活動があったので顧問になっ

た。授業などで声をかけて集まった外国につながる生徒たちと、文化祭への参加について話し合う機会があった。こうして生徒たちも乗り気で文化祭の準備を始めた。

　文化祭では、生徒が自分たちでフィリピンやミャンマーの紹介をしてくれた。ミャンマーの生徒は民族衣装や大切な家財を、家から持ってきて、展示してくれた。とてもきれいで感銘を受けた。この生徒は難民申請中で日本での生活が厳しい状況に置かれていた。難民申請中であるため、健康保険に加入できないことを聞いた。誰もが当たり前のように持っている保険証がない生徒だった。このため、小学生の時に来日して以来、病院に行ったことがないと話してくれた。本当なのだろうか、大変驚いた。このような高校生が日本の高校に通っていることをまったく知らなかった。高校の社会科の教員として、日本国憲法の生存権「すべて国民は、健康で文化的な最低限度の生活を営む権利がある」ことを授業で紹介している。しかし、小学生で来日し、5年以上もたち、生活基盤が日本にある家族が健康保険の対象になっていないこと、その子どもたちが日本の高校に通っていることに、初めて気づかされた。

　生徒たちが楽しみながら文化祭を準備し、自分たちの文化やアイデンティティを発表することで、外国につながる生徒がこの学校に通い、学び、生活をしていることを多くの見学者に知ってもらえたと思う。生徒と一緒に一歩一歩進めていくことの大切さにあらためて気づかされた。

5●三者の出会いと部活動づくり

　この文化祭に見学にいらした方がいる。一般社団法人kuriyaの海老原周子さんだ。海老原さんとは以前、東京都内の外国につながる高校生交流会でご一緒させていただいた。海老原さんと部活動の可能性について話すことができた。同じ頃、一橋高校を見学にいらした方がいた。徳永智子先生だ。徳永先生はCCS（世界の子どもと手をつなぐ学生の会）という外国につながる子どもの教育支援をする学生団体で活躍されていた。私からお声がけし、お二人を交えて話し合うことになった。一橋高校の言語研究部を通して、外国につながる高校生たちが交流するなど、何か活動ができないのか相談をした。残

念ながら他の多部制の定時制高校と同じように、一橋高校も中退する生徒が
多く、そのなかには外国につながる生徒もいる。高校中退を防ぐためにも部
活動でできることはないのか、どんな活動をすればよいのか、何度も話し合
いを重ねた。話し合いの結果、三者が役割分担をして、それぞれの立場を活
かして、部活動づくりを進めてみようと、目標を立てた。

　高校側は、顧問である私が生徒に声をかけ、活動する場所を探し、学校の
中で理解と合意を得るようにする。一方、NPOの海老原さんは部活動の内
容、例えば部活動の目標や計画、活動のプロジェクトの編成、講師の紹介、
などを担当した。徳永先生は大学に通っている留学生と大学生に声をかけ、
一橋高校に派遣する役割を担うことになった。

　この三者では、お互いが対等に、自由に意見や提案を出し合い相談するこ
とを心がけ、協力していく姿勢を大事にした結果、お互いの信頼関係も深
まった。

　これまで、学校と学校外の方が授業や部活動で、協力や連携をすることは
多く知られているが、全てをお任せしてしまったり、一方向の関係になって
しまうことは私もこれまで学校の活動で経験している。ただ、一橋高校の三
者の協働は、役割分担をするだけでなく、できるだけ対等に、活動していく
ことを心がけた。このことは結果的には、とても良いことだったと思う。

　部活動をどのように進めていくのか悩んでいたが、三者で話し合うことで
さまざまなアイデアが浮かんできたと思う。高校の部活動は本来は生徒たち
が自発的に活動する。しかし実際には公式戦に出場する、あるいは文化祭で
発表するなど、具体的な目標がある部活と異なり、居場所づくりの部活動は
どのような目標を持ち、どのように活動するのか難しいところがある。顧問
の教員の力も大きいが、一体どのように教員は関わり、どのように学校外と
協働できるのだろうか。

　私はまず生徒たちに声をかけて集まること、おしゃべりをすることから始
めた。一人一人が自分の思っていることを話し、お互いの話を聞くことを大
事にしたいと思った。しかしなかなか、そのようにうまくはいかなかった。
定時制高校の生徒たちは、入学するとやがて夏休みを迎え、2学期へと、時
間とともにアルバイトをする生徒が増えてくる。生徒たちの多くは経済的に
も生活的にもさまざまな課題や困難に直面している。アルバイトをせざるを

図1-1　三者協働による居場所づくり

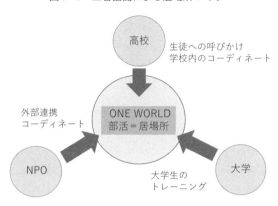

（kuriya, 2018: 15を一部修正[2]）

得ない生徒たちである。授業が終わると急いでアルバイトに行く生徒や、授業の前に働いてきた生徒たちも多い。このような生徒たちをどのようにして部活動に来てもらうのか難しい。

6● 多文化共生が求められる高校へ

　東京都内には外国籍の生徒のための在京外国人入試を実施している高校が8校ある（2022年現在）が、一橋高校定時制は、このような高校と同じくらい外国につながる生徒が多い高校の一つである。2015年から2020年の間で、外国籍生徒が年間50〜70人ほど在籍していた。

　外国につながる生徒の在籍状況を把握し、課題を教職員全体で話し合い、支援の取り組みや教育活動の合意形成を図ることは簡単ではない。60人ほどの専任教員がおり、講師や事務職を含めると100人近くの教職員がいる。しかも、三部制という単位制高校の教員は、勤務時間も変則的で、朝からの勤務や昼からの勤務など実に多様な働き方をしている。

---

(2)　一般社団法人kuriya（2018）「Stories Behind Building Community for Youth Empowerment 高校・大学・NPO の連携による多文化な若者たちの居場所づくり 都立定時制高校・多言語交流部の取り組みから」https://www.artscouncil-tokyo.jp/uploads/2018/12/2018_betweens_document.pdf（最終閲覧2022.7.10）

また生徒指導も多く、時期によるが、生徒同士のトラブルなどもある。教員は授業や部活動だけでなく、こうした生徒たちへのさまざまな対応で時間をとられ、外国につながる生徒たちについては、とてもそこまで対応することはできない、という声があった。私も日本語科目の拡充や外国語科目の新設、研究指定校の応募などの提案や相談もしてきたが、進めることは難しかった。

7●学校のカリキュラムの変化

　一橋高校のカリキュラムには、日本語に関わる学校設定科目が置かれている。学校設定科目とは、その高校が独自に開講できる科目である。この授業は当時の国語科の先生たちが検討し、開講していた。日本語教育の専門家を市民講師としてお願いし、教科の専任教員とチームティーチングで取り組んでいた。日本語指導・支援の必要な生徒が、受講できるようになっており、授業での生徒たちの様子から、この学校設定科目は、とても効果的であることが分かった。

　一方、私は社会科（公民科）の担当だったが、社会科の授業のなかには、そのような日本語に関わるオリジナルの授業はなかった。

　このため並行授業である「取り出し授業」を開講することにした。この授業は、通常の授業に並行して行われる授業であり、日本語指導・支援の必要な生徒たちに対応した社会科（地歴・公民科）の授業を別に開講するものである。教育委員会に申請して、授業のコマを増やしてもらうことで成立する。

　こうして、教育委員会に申請が認められて、1年生の現代社会の科目に並行した授業（取り出し）を開講することができた。現代社会の授業は教科書を手に取って眺めれば分かるが、難しい日本語の表現、言い回し、学習言語で書かれている。この教科書を日本に来たばかりの生徒たちが読んで勉強することはとても困難である。

　この並行授業は、年度進行で、2年生で地歴科の「世界史A」、3年生で地歴科の「日本史A」の授業も同様に当時の地歴・公民科（社会科）の教員の協力のもと、開講することができた。

東京都立一橋高等学校　定時制課程　カリキュラム

◎設置科目などは変更する場合があります。（ ）内の数字は単位数です。

	1 年次	2 年次	3 年次	4 年次
1	国語総合 (2)	国語総合 (2)	日本史A (2)	体育 (2)
2				
3	現代社会(2)	世界史A (2)	1科目選択 物理基礎・化学基礎・生物基礎・地学基礎(2)	ホームルーム (1)
4				
5	数学Ⅰ (3)	1科目選択 物理基礎・化学基礎・生物基礎・地学基礎(2)	体育 (2)	
6				
7	1科目選択 物理基礎・化学基礎・生物基礎・地学基礎(2)	体育 (2)	人間と社会(1)※④	
8			ホームルーム (1)	
9		保健 (1)		
10	体育 (2)	家庭基礎 (2)		
11				
12	保健 (1)	1科目選択 音楽Ⅱ・美術Ⅱ・書道Ⅱ (2)		
13	1科目選択 音楽Ⅰ・美術Ⅰ・書道Ⅰ (2)			
14		社会と情報 (2)		
15				
16	コミュニケーション 英語Ⅰ (3)	学校必履修※②(2)		自由選択科目 (0〜27) 最大27単位まで受講できます。
17				
18	学校必履修※①(1)	学校必履修※③(1)	自由選択科目 (0〜22) 最大22単位まで受講できます。	
19	総合的な学習の時間(1)	総合的な学習の時間(1)		
20	ホームルーム (1)	ホームルーム (1)		
21				
22	自由選択科目 (0〜4)			
23				
24				
25		自由選択科目 (0〜10) 最大10単位まで受講できます。		
26				
27				
28				
29				
30				

※①　学校設定科目「数学プラスワン」「英語プラスワン」から1科目選択。

※②　「古典A」「数学A」「応用英語」から1科目選択。

※③　学校設定科目「国語プラスワン」を受講。

※④　「総合的な学習の時間」の代替。

教科のなかに日本語の学校設定科目を開講
①教科「国語」のなかに、日本語の学校設定科目を開講
「日本語コミュニケーション」（2単位）
「日本語文法」　　　　（2単位）
「日本語漢字語彙」　（2単位）【最大計6単位】
・自由選択授業（1〜2年生の日本語指導の必要な高校生が対象）
・日本語教育の市民講師と専任教員による「チーム・ティーチング」で実施。
②並行授業（取り出し）
国語科・国語総合　　1学年（2単位）2学年（2単位）
公民科・現代社会　　1学年（2単位）
地歴科・世界史　　　2学年（2単位）
地歴科・日本史　　　3学年（2単位）【最大計10単位】
③補習授業
・始業前・放課後に高校生の補習、進路学習に取り組む。
・進学・就職のための作文練習、「履歴書」書きの練習など。
・学年・進路指導部・日本語指導・外部人材講師とが連携。

---

8 ● 高校を変えていく
——日本語支援・多文化共生委員会をつくる

　外国につながる生徒たちを支援する仕組みは、学習面では、国語科の学校設定科目と、国語科と社会科の並行授業（取り出し）、そして部活動では言語研究部だった。さらに学校全体の課題として、取り組みを進めていくためには、学校の教員組織に新たな組織をつくることが必要である。大きな定時制高校であるため、朝の8時40分から夜の9時10分まで、たくさんの生徒と教員が入れ替わり、交代し、動いている。

　小さな夜間定時制高校はとても家庭的な学校と感じていたが、この一橋高校定時制は家庭的というよりは大きな会社のようであり、職員室も広くて驚いた。

　教科の会議でも提案をしたが、管理職にも相談した。外国につながる生徒・日本語支援の必要な生徒たちに対応するため、新たに組織をつくろうと話し合いを重ねた。副校長の理解もあり、新たな組織として「日本語支援・多文化共生委員会」ができた。学校には分掌^{ぶんしょう}という組織があるが、学年（担任）、教務、生徒指導、進路指導というのが分掌である。この他にいじめ対策や自立支援などの組織が委員会である。この「日本語支援・多文化共生委員会」は、教務、生徒指導、進路指導の3分掌と4学年、そして教科の代表者からなる委員会として成立した。この委員会の最初の仕事は、教科の並行

学校組織の中に分掌・委員会をつくる
「日本語支援・多文化共生委員会」
・各分掌、学年、教科から委員を選出する。
・さまざまな情報や課題を集約し、目標を立て学校の取り組みを進める。
取り組み内容
・新入生ガイダンスの企画・運営（日本語指導の必要な高校生向け）。
・並行授業（取り出し）の準備と整備。
・研修会の企画（在留資格についての弁護士の講演ほか）。
・進路指導に関わる教育活動への協力。
・学校内の情報の共有と意見交換。
・保護者面談などの通訳の依頼などへの支援。

授業（取り出し）と新入生ガイダンスであった。外国につながる生徒・日本
語支援が必要な生徒たちが入学してきたときに、どのような受け入れ体制を
整えるかが学校の課題である。4月の入学式の前に、多くの高校は新入生と
その保護者を対象にガイダンスをする。このガイダンスで、日本語指導・支
援の希望があるのか、必要性があるのか、また名前の確認、母語、在留資格
などについて把握し、入学後に向けてのさまざまな支援につなげることがで
きる。また、新入生が入学してきた時に、高校の仕組みや特徴をやさしい
日本語で、あるいは多言語で説明することも求められている。さらに新入生
ガイダンスで、生徒や保護者からヒアリングをする際、個人カードも用意し
た。個人カードは最終的に担任と管理職が保管し、必要な時に参照するよう
にした。この個人カードで生徒の背景や課題、取り組みの方向性などの情報
が得られるようになった。

　また、毎年秋になると、来年度にどの授業を選択するのか自分の興味や関
心あるいは進路選択に関わって、担任と生徒が面談をしながら決めていく。
単位制の高校では、一人一人の時間割が異なる。30人のクラスが8クラスあ
れば、実に240通りの時間割ができるわけである。この時間割は、日本語支
援の必要な生徒にとっては、とても大変な作業になる。高校で使われている
「履修」と「修得」は高校の現場にいないと理解しづらい言葉である。この
ため日本語支援・多文化共生委員会は、この受講のためのガイダンスにも関
わることになる。また委員会では、生徒に関わること、あるいはカリキュラ
ムに関わること、あるいは進路に関わることも、話し合うようになった。し

多言語カルタでさまざまな国の言葉を学ぶ

かし月1回程度の話し合いしかできないなど課題もあった。とはいえ、外国につながる生徒、日本語指導・支援の必要な生徒の課題に対応した組織は、今後どこの高校でも必要になってくると思われる。

9 ● ONE WORLD（多言語交流部）の誕生

　ある日、生徒たちと一緒に部活動の名前を考えた。「どんな名前がいい？」と話し合うなかで、ある生徒が「ONE WORLD」という名前を提案した。みんな「とてもいい名前だね」ということで、決まった。もっとも言語研究部という名前も知られていたので、多言語交流部という名前にするとともに、生徒たちは「ONE WORLD」と呼ぶようになった。

　部活動の名前も新たになり、少しずつ取り組みが始まるようになった。毎週決められた曜日に午後4時30分から204教室という所に集まること、ここが生徒たちの居場所になることを目指した。

　最初の部長は山中さん（⇒コラム1）である。山中さんは日本人生徒である。真面目な生徒であり、部長として部活動を率いた。山中さんたちの代が卒業し、次の年から部長が樹理亜さん（⇒コラム1）に代わった。タガログ語、英語、ビサヤ語を話すことができるフィリピンルーツの部長が誕生した。

　部活動の前に三者で相談してどんな活動をするのか、部長と打ち合わせをする。まずは集まってきた生徒たちで、名前とクラス、そしてルーツを紹介し合った。

　自己紹介の後は、みんなの緊張をほぐすためにカードゲームだ。カードゲームはお互いが知り合い、打ち解け楽しみながらできるアイスブレーキングである。

10 ● ONE WORLDの活動

（1）部活動を全校生徒に紹介する

　毎年、4月の最初に部活動を紹介する学校行事がある。生徒会が主催する生徒主体の行事だ。部員たちと、何を話そうか、順番は誰からにしようか、など毎年相談し合う。広い体育館でONE WORLDでは部員たちが前に出て、運動部や文化部に交じって部活動の紹介をする。200人ほどの生徒を前に部活動紹介をするのだが、とても緊張するし、少し勇気も必要である。大人数を前に話すことは大人でも大変なことだ。1年生たちは静かにその言葉を聞いている。

　日本語で部長が部活動の紹介をした後、一人一人が、自分の得意な言語で紹介する。タガログ語、中国語、ビルマ語、英語などの母語でメッセージを伝えることにした。「皆さん、私たちはONE WORLDです。さまざまな国からきた部員がいます。毎週、204教室に集まりますので、ぜひ来てください！」というとてもシンプルなメッセージだが、毎年この部活動紹介はとても貴重な機会だ。一人一人交代でメッセージを伝えると、体育館の新入生たちが一瞬シーンとなる。とても注目されていることが分かる。日本語以外の言葉で、先輩の高校生たちが（早口のときもあり、小さな声のときももちろんあるが）、母語で語りかけることはとても大切なことなのだと実感できる。

　新入生は、自分たちの先輩に外国語を話す人がいるのだと気づく。日本人の生徒たちはこれまで学校で、外国語を聞く機会はあまりなかったかもしれない。しかし新入生のなかにも外国につながる生徒たちがたくさんいる。外国につながる生徒たちは、この高校の先輩たちのなかに自分と同じ母語を持つ人がいるんだ、あるいは言葉は違うけれど外国につながる先輩がいるんだ

文化祭での ONE WORLD の展示と部員による説明

ということに気づく。「同じルーツの先輩がいることが分かり、母語を聞く
ことは自信や安心につながった」という声もあった。これはとても大切だと
思う。

　またONE WORLDのメンバーが、後輩の新入生たちに自分の母語で語り
かけることも大切だと思った。自分の母語をたくさんの人の前で話すとい
うことは自信にもなり、外国につながる生徒たちがこの学校で学んでいるこ
とを新入生に認識してもらうことができるからである。この部活動紹介で
ONE WORLDを紹介した後、何人かの外国につながる生徒がONE WORLD
のブースを訪れる。中学校はどこで、日本語教室に通っていました、など明
るく答えてくれる生徒もいる。

　新入生紹介は、生徒たちが話し合い、協力して活動すること、そして一人
一人が他者の前に立って、自分の大事なアイデンティティや言葉を表現す
る。生徒たちをとても力強く感じる時であり、輝いて見える場面である。高
校生の時期にこのような機会を持つことは、この行事に参加している全ての
生徒にとって、将来に向けての貴重な場になるのだと確信している。

　そしてこの機会は、この学校の教員にとっても大切な経験になると思う。
毎年、この学校に多くの教員が異動してくる。学校には多様な外国につなが
る生徒たちがいることをこのような場で知る。ここで話す生徒たちの姿を目

にすることでびっくりする教員もいるようだ。この学校には日本語ができない生徒がいるらしいという見方を超えて、元気に母語で話している生徒たちの姿を見て驚くことになる。

　この意味で部活動の紹介の機会は、多文化共生の学校づくりの場として、とても有効だと思う。

（2）大学からの留学生との交流

　三者で話し合うなかで、ONE WORLDでは留学生を招くプログラムを進めていくことになった（⇒コラム3）。徳永先生の大学の学生も参加していた。スペイン、シンガポール、中国、アメリカなど、実に多様な背景のある留学生たちだった。高校生のなかでもフィリピンの生徒たちは英語が得意な者が多い。ある留学生たちと英語で会話をする時、生徒たちは本当に生き生きとしていた。フィリピンやネパール、インドにルーツのある生徒は、英語の力がとてもあることを実感した。この言語能力は注目すべきだと思う。この英語の語学力によってONE WORLDでも留学生たちとのコミュニケーションが可能になっている。

　日本人の生徒たちはこの場合、言語的にマイノリティになってしまう。話についていけない生徒、どうしたらいいのか分からない日本人の生徒の姿を見て、私自身もどうしようと思ったことがよくある。私自身も英語の語学力がないので海老原さんや徳永先生にいつも通訳をしていただいている。私だけがこの生徒たちとのやりとりについていくことができないのだ。とはいえ、このような経験は貴重ではないだろうか。日本人の生徒たちや教員はいつも日本社会でマジョリティの世界のなかにいる。私もそうだが、言語の壁というものをあまり意識することがなく毎日生活している。しかしONE WORLDでは英語や生徒たちの母語が、マジョリティの言語になる場合がある。このためマイノリティの立場を経験できることは貴重な学びを得ることができる。外国につながる生徒が、毎日、日本の学校でマイノリティとして経験していることを、このONE WORLDでマジョリティの生徒や教員が体験できる。このような部活動の取り組みは、多文化共生の学習モデルの一つになると思った。

　ONE WORLDの特徴は、異なる言語の生徒や留学生たちがコミュニケー

留学生との交流活動

ションをすることで、新たな経験の場になっている。ある日、生徒たちの活動を見てとても驚いたことがある。留学生や大学生、生徒同士で会話をしていると、さまざまな言語、例として、英語、日本語、タガログ語、中国語といった言語が同時に交わされることがあった。ある生徒は英語を話しながら、次の瞬間、タガログ語になり、また日本語でおしゃべりという離れ業を駆使している。自然に複数の言語を駆使しながら会話をする。あるテーマについて話し合っている際、多様な言語で会話がなされている。ある生徒とは英語で、ある生徒とはタガログ語で、ある生徒とは日本語でということで、それぞれが自分の言語を使い分けて相手とコミュニケーションをとる光景が見られる。

　この場が、不思議な空間に見えた。多様な言葉の世界に溶けていくような感じともいえる。言語には規則があり、私たちはその規則に従って生活しているが、この言語の規則を超えてしまう経験は今までなかった。言語と言語が対等に、ある言語が支配的になるのではなく、言語同士が共存しそしてお互いを尊重しながら相手に伝わる言語を選び、コミュニケーションが成り立っている。言葉で言うのは難しいが、新鮮であり、言語の壁を乗り越えて、超言語的な世界を垣間見るような思いだった。言語がハンディになっておらず、日本語ができない、ということでもなく、人と人とが新しい関係性

をつくりあげていく可能性が見られたかのような、将来の多文化、多言語社会を垣間見るかのようだった。人は言語に縛られており、他の言語社会に移行すると、不利益なことや権利が認められないなど、さまざまなことが生じる。場合によっては、不登校になったり、中退になる、あるいは「病気」だと判断されてしまうこともある。言語の壁である。

　にもかかわらず、私はこのような生徒たちによる多言語の空間の創出は、一人一人の生徒がとても豊かな学び、経験の場になることを学んだ。このような貴重な経験が日本の高校でできることに驚嘆するほかない。

（3）多様な講師を招いて

　ONE WORLDの活動は、市民講師をゲストとして招くこともあった。kuriyaの海老原さんの紹介で、シリア出身のドイツの講師を招いた。東京にあるドイツ文化センターのスタッフもいらした。どんなワークショップなのだろう。水色の紙をたくさん用意してほしいと事前に伝えられた。ONE WORLDのメンバーに、折り紙で飛行機をつくるワークショップを行った。たくさん折った紙飛行機を、校庭で飛ばしてみた。この飛行機にはどういう意味があるのだろうか。講師はシリアで起きている出来事を、紙飛行機を通して表現しようとした。数百万人もの難民を生み出してしまっているシリアのことは知られているが、これはシリアでの出来事を想像してみるワークショップであり、紙飛行機はシリアの人々の空に飛んでいた戦闘機や爆撃機である。学校の校庭で、折り紙でつくった水色の飛行機を飛ばすことは、日常の授業とは異なりとても楽しい経験になった。しかしその楽しさは何だったのだろう、と考えさせられるワークショップだった。私たちが紙行機を飛ばすというその行為が、シリアの難民の現実ととても落差があることに気づかされた。講師の方はその落差をあえて示して見せることで、私たちに気づいてもらいたい、と思ったのだ。

　この高校にも何人か難民の生徒がいることにもあらためて気づかされた。世界にはシリアだけでなく、ミャンマー（ビルマ）難民や東南アジアの少数民族の難民、ベトナム難民などがいて、これまでも東京の高校で難民の生徒と出会ってきた。21世紀の人類の課題は難民問題である。シリアやウクライナ、そしてアジアで難民が増え続けていることに目を閉ざすことはできな

校庭で紙飛行機を飛ばす一コマ

い。高校で学ぶ大切なことだと思う。

　秋の文化祭で、水色の紙飛行機を展示した。ONE WORLDで、私たちの今の時代、この世界の出来事を共有し、学びの場にすることは大切なことだと思う。

11 ● ONE WORLDの可能性

（1）定期的に集まること

　高校にはいくつもの部活動がある。運動部なら試合があり、試合に出場することが目的の一つになる。文化部も大会や発表会など目標を掲げることができる。しかしONE WORLDの場合はやや異なる。公式戦もなく、練習試合もない。そこで、まず集まろうというのが目標だった。週3回集まったこともある。

　集まることで次の目標が生まれる。新入生紹介であり、さらに文化祭だ。秋の文化祭には毎年参加してきた。生徒たちは、9月になると、どんな内容にするのか話し合う。基本は展示だが、発表をしてみた年もあった。展示内容は、自分たちの出身国や地域の文化の紹介、衣装や写真、母語でのポスター発表などさまざまである。自分の紹介を画用紙に母語と日本語で書いたりもした。日本語の勉強が大変だったことや、将来の夢などが書かれた

高校生・留学生との話し合いの一コマ

ポスターもあった。2020年の文化祭では、インドルーツのアルジュンさん（⇒コラム1）と日本人の岩本さんの生徒2名が発表をした。映像も準備して、ONE WORLDで活動し、楽しかったこと、学んだことなどをスピーチした。アルジュンさんは英語と日本語でスピーチをし、岩本さんはONE WORLDの活動を通してアルジュンさんやフィリピンルーツの生徒との交流から、英語に興味関心を持つようになったことを伝えた。

（2）リーダーの存在と多様な生徒たち

　部活動でいちばん大事なのは部長のリーダーシップである。ONE WORLDでは素晴らしい部長たちが巣立っていった。山中さん、樹理亜さん、アルジュンさん、パオロさん。リーダーを助ける仲間たちもいた。リーダーと仲間がとてもいい関係で部活動を進めていった。部長はとても大変だ。責任やプレッシャーがある。学校の教員だけではなく、大学の留学生たちやNPOのスタッフの人たちともやりとりをすることがあった。そしてプログラムを企画し当日の司会進行を行い、活動が終了した後、課題や反省について話し合うこともある。フィリピンルーツの樹理亜さんは、卒業後もONE WORLDの応援に駆け付けてくれている。一度大学に入学したが、コロナ禍で試行錯誤しながら、再度進学にチャレンジしている。これからもさまざまな場で活躍していくと思う。

文化祭での発表の様子

　ONE WORLD の立ち上げでは部長の山中さんの存在が大きかった。活動中は楽しいことがある一方で、部長の責任を感じて、緊張もしていたと思う。部活動に集まってきた生徒たちはタガログ語をしゃべったり、英語を使ったり、中国語でおしゃべりをしたりしている。山中さんは、とてもドキドキしていたと思う。山中さんたち日本人の生徒は、日本語以外の言語が飛び交う場面では、会話についていくことが難しかったと思う。やはり言葉の壁は日本人の生徒と外国につながる生徒の双方にとって大きかったと思う。山中さんは外国につながる生徒たちと一緒に活動することで、感じることがあったようだ。さまざまな言語で対話することが、とても新鮮だったと語っている。

　外国につながる生徒と日本人生徒が交流することで、日本人生徒の経験が豊かになる。この経験は、山中さんだけでなく、他の日本人生徒も同じことを話している。とはいえ、さまざまな生徒がいたのも事実だ。外国人と日本人という分け方にこだわり続けた部員にSさんがいた。また、日本での生活が長かったフィリピンルーツのKさんは、タガログ語で会話をしている来日間もないフィリピンの部員たちのエネルギーに圧倒されて、「俺、ちょっと無理」とぽつりと話し、部活動の部屋に入ることができなかった。多様な生徒たちの出会いの場として、交流し、お互いが変容していく場所であった。

（3）三者協働を通して生まれたさまざまな仲間との出会い

　ONE WORLDはどのような存在だったのか。部活動としてユニークな存在だったと思う。その理由は、外国につながる高校生たちと日本人の生徒が一緒に活動していたからだ。そして、学校外の留学生や大学生、NPOのスタッフ、市民講師、ゲスト、研究者、見学者など実に多彩な人が入れ替わり参加していたのを、先生たちや生徒たちは不思議に思っていただろう。新入生への紹介や文化祭などに参加したりすることで、次第に気づいてもらえるようになり、部員たちが他の学校行事への参加に声をかけてもらうなど認知されていった。

　ONE WORLDの生徒たちにとって、留学生や大学生との交流はとても意義深いことだった。高校生たちは母国の仲間と出会った。ここには、フィリピンの各地域から来日した仲間がいた。日本で中学校生活を送り、一橋高校で一緒になった。そして他の国のルーツの高校生、日本人の生徒たちと出会った。次に、留学生や大学生と出会うことができた。訪れた留学生にもさまざまな移民の背景のある留学生たちがいた。徳永先生から派遣していただいた留学生と高校生たちの会話は英語やそれぞれの母語だったが、留学生と対話している内容はそれぞれ自分の経験、背景、家族、そして将来など、いろいろなことだ。このような経験は大切である。お互いのルーツについて話し合い、会話を楽しみながら交流することは素敵だった。日本に来て、留学生たちもさまざまな困難に直面していたと思う。そのような共通性もあって話が弾んだことと思われる。高校生たちが留学生との交流を通して、自分が日本に来たことは特別なことではないと気づかされる。人が、国や地域を移動したり、移住することは自然なことであると、気づかされる。その意味で留学生との交流はONE WORLDの活動の大きな柱だったと思う。

（4）高校卒業後のONE WORLDのメンバーたち

　私が一橋高校に勤務していた間、ONE WORLDに顔を出し、熱心に参加していた部員は、ほぼ全員高校を卒業した。2017年度から2020年度までを見ると、フィリピンルーツは12人、日本人は6人、インドルーツは1人、中国ルーツは1人、メキシコルーツは1人で、全員で21人にのぼる。大学や専門学校に進学したのが11人、正規の就職をしたのが5人、アルバイトは1人、

他にも母国に帰ったり、浪人した後に進学した生徒もいる。

　それ以外にも、時々、ONE WORLDの文化祭や新年会などのイベントに参加した生徒たちもいた。さまざまな事情で高校中退した生徒たちも残念ながらいる。こうした生徒たちを入れると、多くの生徒たちがONE WORLDに関わっていた。

　日常的に部活動に参加し、困難な時にも、部活動の仲間と支え合っていた熱心な生徒たちは、高校を卒業した後も活躍している。卒業生たちは今でも連絡を取り合っており、仕事を変えようか、上級学校に再度挑戦してみようかと話し合う時もあるらしい。

　受けることができる奨学金や大学入試の情報、あるいは在留資格と進路に関わる日本での情報はまだまだ難しく、私や徳永先生、海老原さんに相談もある。最近もある卒業生と一緒に都内のFRESC（出入国在留管理庁・外国人在留支援センター）に行き、在留資格の変更の相談をした。高校を卒業した後も、外国籍の自分や家族の将来が日本の法制度上、不安定な状況であるため、卒業後の進路に関わる相談活動も、高校の役割として今後求められていくと予想される。

　東京都内で毎年開催されている「外国につながる高校生のための進路ガイダンス」から声がかかり、先輩からのメッセージを現役の高校生たちに伝えているONE WORLDの卒業生もいる。こうしたロールモデルとして卒業生が活躍することはとても大切である。出身高校だけでなく、外国につながる生徒がいる高校から依頼され、先輩の体験を話す機会は意義深い。さらに大学の授業に招かれ、得意の語学を活かし、現役の大学生たちに自分のこれまでの経験を語ったり、学生たちとのディスカッションに参加している卒業生もいる。

　ONE WORLDのような高校の部活動で活躍した外国につながる若者たちが、多くの高校生たちの希望になることを願いたい。

12 ● ONE WORLDを高校で継続すること
──課題とこれから

部活動は教員が顧問になることで成立するが、担当する顧問の引き継ぎが

課題である。部活動は授業ではなく、生徒たちの自主的な活動という位置づけであるが、顧問の教員の支えがないと、生徒だけで運営することは現実的には難しい。これまでも二つの定時制高校で国際交流部（大森高校定時制）や国際交流班（小山台高校定時制）の顧問となったが、残念であるが、どちらの部活動も顧問の私が異動した数年後に活動停止になってしまったようだ。

　では、どのようにしたらよいのか。地域や大学の力を借りるのが良いと思う。そして学校の管理職や教育委員会に応援してもらいたい。

　高校に入学するとやがて、アルバイトをする生徒が増えてくる。アルバイトが認められていない高校もあるが、定時制高校はこれまで、昼間仕事をして、夜学校に通うという生活サイクルを送る高校生たちのためにつくられた学校である。特に戦後直後の1955年には全国で3188校もの定時制高校があり、東京には多い時で100校ほどの夜間定時制高校があり、多くの高校にも定時制課程が併設されていた。この背景には、戦後の復興から高度経済成長に至るまでに、地方から東京などの大都市に、中学を卒業した10代の若者たちが移り住んできたことがある。昼間働き、夜は定時制高校に通った。私は社会科の授業で外国人の問題をテーマにする際、生徒にこんな質問をする。「あなたたちの祖父母や親は、昔どこに住んでいましたか？」と。そうすると生徒たちの多くは、東京以外の全国の都道府県に住んでいたと答えてくれる。東京に3世代前から住んでいたという生徒はほとんどいなかった。これはどういうことを意味しているのだろう。東京は地方からの移住者で成り立っている都市であると、生徒たちの答えから気づかされる。つまり地方から東京への人口の移動があり、地方からの移住者が東京を形成してきたこと、そしてその過程で、多くの人たちに定時制高校が必要とされてきたこと、このことを生徒と一緒に学ぶ授業を試みている。この認識はとても重要であると思うし、外国につながる生徒たちがいるクラスでもこの問いかけが大切だと思う。人が、家族が地域や国を越えて移動する、移住するということは外国から日本へだけでなく、日本国内でも地方から東京へという歴史があり、また日本から海外へというルート（日系人の歴史等）もあったことを忘れてはならないし、多文化の生徒たちのいるクラスの授業では大切だと思う。私自身も祖父母と両親が戦後の「引き揚げ者」であったことを授業で伝

えている。

　ONE WORLDの部活動はまだまだ小さい。けれどもこの活動は多くの高校に広がってほしい。なぜならこのONE WORLDの世界は、未来の社会の萌芽を見るかのような、とても素敵な世界だからだ。多様なルーツのある高校生たちが共通の目標のためにチームをつくり、リーダーを生み、対等に話し合いながら、活動をしていく。楽しみながら、笑いながら、多様な言語が飛び交う。普段の教室では静かに、おとなしくしている（そうせざるを得ないことを考えたい）生徒たちが、母語で、共通の言語で、対話と交流ができた。そして、この活動を支える大人たちがいた。移民の背景のある留学生や大学生たち、そしてNPOの皆さんであり、ここからつながったさまざまな人たちである。

　マイノリティの高校生たちに焦点を当てる居場所づくり、マイノリティの高校生たちがエンパワメントされ、活躍する場の形成は、そのことにとどまらず、周りの日本人の生徒と私たち教員にもまた変容を促し、学び合い、交流することができた。さらにこの活動につながった留学生たちや大人たちにも影響を与えた。ONE WORLDの活動に少しだけ関わった人、深く関わった人、さまざまであるが、6年余りの活動は広がりを見せ、学校内で認知されるだけでなく、東京都内の外国につながる高校生のための進路ガイダンスや交流会の会場校として部員が参加することで、他の高校の生徒にも活動が知られるようになった。まだ少ないが、東京の高校でもこのような部活動がいくつかできている。この活動が広がることで、高校で外国につながる生徒たちの存在が認められ、大切にされると思う。母語による自己紹介、日本人の生徒との交流、この活動を応援する留学生や大人たちの活動を通して、マジョリティの日本の高校生と教員に何か感じてもらえると思う。

　外国人が日本の言葉や文化を受け入れ、学ぶことは大事なことであるが、一つの側面である。お互いが対等な関係で、交流し、学び合い、変容し、成長し合うということこそ、お互いが未来の市民として、社会を共に形成していくということになるだろう。

　今、世界では分断、排除、差別、紛争、そして難民や戦争に関わるニュースが毎日のように流れている。この世界がどこに向かっていくのか誰にも分からないが、一橋高校でのONE WORLDという小さい世界であるにもかか

わらず、こうしたニュースとは異なる素晴らしい高校生たちの姿を見てきた。高校生たちの姿から、私たちはあるべき社会の可能性を垣間見ることができた。こうした高校生たちが、私たちの将来の社会をつくることができればと思う、そのことを伝えたい。

　人が、家族が、移動、移住し、その地で共に社会を形成していくことは自然なことであり、人の歴史そのものである。日本社会もまたこの150年ほどの間、多くの移住者、移民を世界に送り出してきた。そしてさまざまな課題に直面しながらも、平等な市民として世界各地で受け入れられ、共に社会を形成してきた。日本の社会と学校が目指すもの、ONE WORLDの活動もその一つである。

コラム 1　若者の声「私にとってのONE WORLD」

やさしい大人になるために

山中麻里奈

プロフィール

　多様な授業から受講科目を選ぶことができる点に魅力を感じ、2015年4月に一橋高校に入学し、2部の授業を受ける。多言語を学ぶことなどに興味があったことから、当時、言語研究部として活動していたONE WORLDに入部。初期メンバーの一人であり、ONE WORLDの部活としての在り方に悩みながらも部長を務めた。2018年3月に卒業し、現在は食品関係の会社の営業事務で、注文の受付やクレーム対応などオペレーターの仕事をしている。コロナ禍による事業縮小により、近く転職する予定である。

ONE WORLDでの活動の意味

　一橋高校は、グループで固まりやすい特徴があり、外国籍の生徒は同じルーツの生徒たちと固まっている印象でした。他にもギャルはギャルで、オタクはオタクで固まる印象があって、授業を一緒に受けても、あまりコミュニケーションをとる機会はなく、生徒同士での関わりはありませんでした。

　ONE WORLDがあったおかげで、その壁を取り払えたのではないかと思います。クラスが一緒だった子たちともONE WORLDでの方が深く関わりを持てていた気がします。例えば、文化祭でのONE WORLDの出し物で、難民のことを題材として調べることになり、みんなで要点を書きまとめて、タガログ語を話せる子が翻訳したことがありました。一緒に調べることでお互いに学び合うことができました。さらにコミュニケーションを深めることができたことで、勉強とコミュニケーションの両面でプラスでした。

ONE WORLDがあらためて教えてくれた──やさしい大人になるために

　ONE WORLDで一緒に活動していた子から、日本の賃金の方がフィリピンより高いから、フィリピンから日本に人が流れていると聞いたことがあって、

61

そういうことも当時は知りませんでした。異文化に触れることは相手を理解する上で大事だと思います。

　私の仕事は、電話口でお店の厨房などで働く方と話す機会が多いのですが、話し方から中国ルーツの人が多い印象を持ちました。このような時には、私の話が理解できるように、普段よりゆっくり話してあげようと思うようになりました。もう少し言葉をかみ砕いた方が分かりやすいのではないかとか、そういう配慮をすることでやさしい大人になれるんではないかと思います。仕事だからといって硬くならないで、きちんと相手に伝わることが大事だと思いました。

　レジ打ちをするコンビニの店員さんでも、名札を見て海外の方なのかと思うことがよくあります。自分に投影して考えると、外国で勉強しながらお金をためるために、他の言語を使ってその国の通貨を扱わなければいけないので、すごくストレスにもなるし、頭も労力も使うことで、本当に頑張っているということをONE WORLDに入ってさらに感じました。そういう方たちにやさしくしてあげたら、彼らも安心できると思います。

今、そしてこれからの高校生へのメッセージ

　たくさん人がいるなかでは、合う合わないはどうしてもありますし、全員と仲良くするというのは難しいものがあります。でも、言語が苦手だから外国籍の人とあまり話せないと思って、仲良くなる可能性をつぶしてしまってはいけないでしょう。仲良くなる可能性はきっとつかめます。関わりを持たない人とも関わる、そういった一歩を踏み出す勇気を持つことが大事なのではないでしょうか。前提として、みんな人なんですよね。外国籍だとしてもみんな人間なので、悪いところも良いところもあるし、それは受け入れるべきだと思います。たとえ今、外国語が話せなくても、多文化について知ることで、外国籍の人と仲良くなれると思います。

ONE WORLDに入ったから、今の自分がある

曽根樹理亜

プロフィール

13歳の時、母と共にフィリピンから来日し、都内の公立中学校に通うことになる。日本語を学びながら、高校受験をし、一橋高校に合格、2016年4月に入学。ONE WORLDでは部長になり、最初は戸惑いながらも2年間その役割を務め、2019年3月に卒業。大学受験準備に苦労しながら、都内の大学を受験し、合格したが、一身上の都合により退学を決意。現在は、フリーで通訳・翻訳と保育園で英会話の先生として働いている。

一つの居場所

小さい頃からさまざまな文化や言語を知ることが趣味でした。ONE WORLDを通じて、留学生たちとの交流ができ、いろいろな国の文化や言語を学べて、その活動に魅力を感じました。

一橋高校は多文化なのが特徴なのですが、ONE WORLDが特に多文化の人たちと交流ができた場所でした。一橋高校は受ける授業の時間帯が生徒によって違って、1部、2部、3部に分かれています。私は1部だったので、ONE WORLDに入っていなかったら、2部や3部の子たちとは会うこともできていなかったと思います。また、同じ国籍を持つフィリピン人以外のネパール人とかブラジル人の子などは、普通に学校生活を送っていたら、多分話すこともできていなかったと思います。ONE WORLDを通じて知り合った子は多いです。留学生との交流以外にも、部員たちと一緒に活動内容を「今日はこれやる、次はこれやる」と考えるのも楽しかったです。

ONE WORLDに入ったから、今の自分がある

中学校1年生の時に外国人生徒が私一人だったので、日本人の子たちと一緒に授業を受けるなかで自信がなくて、結構シャイな人になってしまいました。もともとシャイで、日本に来て、日本語ができなくて、もっとシャイになったと思います。ONE WORLDに入って、日本語ができなくても、すごく頼りに

されて、恥ずかしいけど、どんどんチャレンジをするようになりました。すぐ部長になったので人前で話したり、他の子たちのために通訳をしたり、最後に締めの言葉を言う場合もあって、日本語を頑張らないといけないと思って、話せるようになりました。いろいろな先生方にもONE WORLDを通して出会うことができ、ONE WORLDに入っていなかったら、今みたいに話したり、自信を持って自分の意見を言えなかったかもしれないと思うと、今の樹理亜の性格は、ONE WORLDに入ったからあると思います。

似た境遇の子たちとの出会い

　1年間日本で生活して、ホリデーでフィリピンに帰ると、環境が大きく違うということに気づきました。特に経済的な面では、フィリピンにいる若者たちは親頼りだと思います。それに比べて日本にいる知り合いのフィリピン人の子たちは高校1年生からバイトをし始める子が多いです。「今月、給料をまたフィリピンに送った」というような、日本に住んでいるからこその話は、フィリピンにいる友達より、日本にいるフィリピン人の友達との方が話しやすいと思います。

ONE WORLDのような場の重要性

　ONE WORLDは、試合とか練習試合があるわけでもなく、記録や実績をつくるような部活ではないです。学校のためになるというよりは、生徒たちの人生や学生生活に残るような部活だと思います。ONE WORLDのような部活があると、もう少し自信を持てる子が多くなるのではないかと思います。同じルーツの子たちとも知り合えることが大事で、日本人の子たちと関わるしかないという思考ではなく、不安な時は、お金もかけずに、学校で気楽に行ける所があるといいと思います。

自分自身が成長することができた

シャ・アルジュン

プロフィール

　インドで生まれ育ち、2015年4月に来日し、1カ月後に都内の公立中学校の2年生として学校に通うことになる。日本語を一から学び始め、学校の支援を受けながら1年ほど日本語教育の先生に日本語を教わる。一橋高校を受験し合格、2017年4月に入学。1年目にバドミントン部とONE WORLDに入部。ONE WORLDでの活動に1年間ほど参加し、バドミントンを優先するため参加日数を減らすことになった。2年生の頃に一度退部することになったが、途中から再入部。そこから卒業前まで副部長を務めていた。卒業後獨協大学に入学し、現在3年生である。

新しい環境での苦しみと出会い

　日本の公立中学校に転校してきた私は、日本語や日本の慣習についての知識もまったくなく、先生や同級生たちとまともに会話もできませんでした。中学校での経験から、孤独感やどうすることもできないむなしさを感じるようになっていました。高校では同じことを繰り返さないため、自己紹介では、自分はフレンドリーで話しやすいということを積極的にアピールするなどしましたが、残念ながらそれもうまくいかず、落ち込んでしまいました。高校でも一人ぼっちになってしまうと確信さえしてしまいました。そんな時、クラスのなかで海外のバックグラウンドを持っているのは自分だけではないことに気づき、その子たちと仲良くなれるのではないかと思いましたが、既に確立されてしまったグループに入るのは簡単ではありませんでした。クラスでうまくいかなかった分、部活動に集中しようと思い、最初は得意であったバドミントンの部活に入部しましたが、自分が浮いていると感じてしまう時があり、なじめなかったです。そのようななか、先生たちとはコミュニケーションをとることができていたので自分の友達のように感じていました。

ONE WORLDというきっかけ

　1学期が終わる頃まで、同級生たちと関わったのは2、3回しかありませんでした。初めてONE WORLDのことを知ったのは、学校内に貼ってあったポスターからでした。その時はどんな部活かも知りませんでした。角田先生からONE WORLDへの参加を提案されて、最初は少人数で活動内容も決まっていないようでした。先生から声をかけてもらったり、海外のバックグラウンドを持つクラスメートが入部したこともあり、私も入部することに決めました。初めは大変なことも多かったですが、みんなで協力して乗り越え、時間がたって徐々にONE WORLDも部活らしくなってきて、活動内容が決まり、人数も増えていきました。私のクラスからも入部する子が出てきて、ようやく仲良くできました。2年生になる頃には、ONE WORLDでクラスメートともたくさん関わりながら、とても良い時間を過ごせるようになっていきました。

副部長を通して見つけた強み

　2年生で副部長になりました。それとともに、イベントの司会を主に英語で担当するようになりました。最初はうまくいかず、何かするたびに失敗してしまったような気持ちになっていました。まだ緊張感や不安があったなか、徐々にたくさんの生徒と先生たちからポジティブなコメントをもらえるようになり、失敗も間違いも重ねて積極的に司会をすることができるようになりました。今も大学の授業などでプレゼンテーションをできるのはONE WORLDでの経験のおかげだと思います。

4割が部活

　高校生活を振り返ると、2割が人間関係、4割が授業で、4割が部活だったと思います。たくさんの面白い人たちと関わって、自分自身が成長することができて良かったです。サポートを受け、所属できる場所を持つことができて、恵まれていたと思います。

この活動にエンパワーされた
——I truly felt empowered by this activity

マチャド・ダ・シルバ・イザベル（Isabel Machado Da Silva）

プロフィール

ポルトガル人で、10歳の時に家族と共にフランスに移住する。慶應義塾大学での交換留学中、2017年10月から2018年7月までONE WORLDに関わる。ONE WORLDでは水曜日の英語セッションの「大学生のリーダー」を務め、kuriyaのインターンも経験。2018年にフランスのニース大学の法学部を卒業。2021年にスウェーデンにあるストックホルム大学の国際比較教育の修士号を取得。現在はフランスのコミュニティサービスで、学校のドロップアウトを防ぐことを目的としたプロジェクトで活躍中。

ONE WORLDとの出会い

私がONE WORLDに参加した年は、大きな転換期でした。この頃は高校生が積極的に企画し、活動に対して高い責任感を持って大学生よりも主導権を握るようになっていました。私はこの重要な時期を高校生たちと共に過ごすことができました。これは、高校生が自分たちの活動のリーダーになるという重要なステップであり、経験をより有意義でインパクトのあるものにしてくれました。

私は、高校生を代表して話をするつもりはありません。しかし、私自身にとって、ONE WORLDは、多様性が祝福され、誰もが思いやりを持って自分の意見を述べることができる空間でした。

この活動の最大の課題は、全ての生徒にとって本当の意味での居場所になることだと思います。私が関わった年は、ONE WORLDは「英語だけ」の活動というイメージがあったので、フィリピン人やインド人の生徒を主な対象にしていました。この活動に参加したいと思っていた他の生徒は、特定の言語を話す必要があると思っていたかもしれません。このような活動では、生徒が自分の好きな言葉で表現できることがとても大切だと思います。例えば、ある生徒は英語で話し、簡単な感想を友人とタガログ語で話し合い、それを英語で私に通訳し、他の仲間に日本語で説明します。このように、複数の言語を使って会話をしても、お互いに理解し合えることが多いです。支配的な言語や文化にとらわれず、全て

の言語や文化が尊重され、平等に扱われることが重要だと思います。

ONE WORLDが私に与えた影響

　私が教育学の修士課程に進むことを決めたのは、ONE WORLDでの経験と、日本でマイノリティと教育について学んだことが大きく影響しています。修士論文では、日本語の居場所の概念に似ていることから、「学校への帰属」をテーマとしました。現在も、インクルーシブ教育に関する研究を続けることを目指しています。

　ONE WORLDは私が自分自身の声を強く表現することを学んだ重要な場所です。高校の先生や大学の先生、NPOの方々は、みんなの声に耳を傾け、深く考えてくれていると感じました。この経験から、人と接する時には、より思慮深く、思いやりを持つことを学びました。また、フランスの移民生徒としての教育経験を振り返ることで、自分自身とフランスの教育システムについてより深く理解することができました。ONE WORLDの活動に本当にエンパワーされたと感じました。

政策立案者・学校関係者、研究者、生徒へのメッセージ

　政策立案者や学校関係者の方々には、生徒の多様性を、抑制やコントロールが必要なものではなく、むしろ強みであると認識してほしいと思います。移民の生徒の知識や経験の多様性は、理解され、祝福され、尊重されるべきものだと信じています。

　さらに、ONE WORLDのような活動が、生徒や学校にもたらす機会をさらに広げていってほしいと思います。生徒のより良い生き方に配慮し、適切な学校環境をつくり、意欲を高める活動は、生徒の学校での経験やパフォーマンスに影響を与えます。そして、生徒の学校での成長は、彼らが自分自身や周囲の社会をどのように見るかに影響を与えます。

　私が研究者に伝えたいことは、ONE WORLDでの協働が示すように、共同研究の力を考えてほしいということです。共同研究は、研究対象者、研究者、そして研究をエンパワーする方法になり得るのです。

　生徒の皆さん、率先して行動してください😊

コラム 2　外国出身の生徒たちの人間関係を広げる活動

小林佳朗

❶ ONE WORLD の活動内容

　私が2016年に赴任する前から一橋高校には言語研究部があり、本校に多く在籍する中国やフィリピンなどの外国出身の生徒たちが交流をする場があった。私自身もともと外国出身の生徒と交流したいという気持ちが強くあったので、異動して1年目から顧問を希望した。生徒たちに積極的に入部を呼びかけたこともあり、だんだんと部員が増えて活動も活発になり、文化祭には教室展示で参加して日々の活動の紹介ができた。そのような活動が認められ、2年目には同好会から部への昇格が承認された。その際に言語を研究しているというよりは言語で交流している方が実際の活動内容を表しているので、部の名前を多言語交流部（ONE WORLD）に変えた。

　主な活動は授業のある平日の定期活動と、月に1回程度の土日に行う活動である。4～5月の新入生が学校生活に慣れるまでは校内で自己紹介を中心にした上級生と新入生の交流、新入部員の募集のポスター作成、5月末からは大学から留学生と日本人学生をお招きして"何か"をしている。"何か"というのは一橋高校の生徒やゲストの学生の方々がやりたいこと、楽しめることができたら割と自由に活動できるので、そのように表現している。2学期には文化祭に向けてどのように参加するかを話し合ったり、展示作品を作成したりと1学期よりもより生徒が主体的に考える雰囲気づくりをできるようにサポートしている。

　授業のない土日の活動は、顧問が生徒たちに体験させたい企画があれば、平日の活動日に呼びかけて希望者を募っている。過去2年間には20回ほど土日に活動をした。2016年の秋と冬には合宿での生徒交流会（全国と神奈川）に参加でき、多い時には10人以上の参加人数になったこともある。その翌年は美術館主催のワークショップに参加したり、他校の歴史研究部と街歩きのフィー

美術館主催のワークショップに参加

ルドワークに参加して博物館の見学をした。

　2018年の冬には、高校のある千代田区神田の町会主催の雪像制作コンテストに参加した。決まった校外活動のかたちではなく、バラエティーに富んだ内容で生徒たちが楽しめる校外活動はないかと模索してきた。東京都国際教育研究協議会主催の進路ガイダンスには補助生徒としても参加して、駅からの経路案内や受付の手伝いもできた。

❷ ONE WORLD に参加する生徒たち

　部員の構成はこの2年間で少しずつ変化がある。私が関わり始めた頃には中国やフィリピンの女子生徒が多く参加していた。静かで落ち着いた雰囲気で1年生を中心に勉強や会話を楽しむ活動が多かった。1年目の秋頃は中国出身の生徒はアルバイトが忙しくなり、一人も来なくなった時期があった。外国出身ではないけれど英語で話がしたい、英語以外の言葉にも興味があって外国語が話したい、外国出身の友人が欲しいという意志のある生徒が核になって活動した時期もあった。留学生との英語を中心とした交流活動に魅力を感じて来てくれた生徒も多くいた。2年目には新入生でフィリピン出身の男子が数名入り、落ち着いた雰囲気から賑やかに踊りだしてしまうようなメンバーも入部した。

文化祭には今までの教室展示での参加から歌やダンスなどの舞台発表で参加を
したい、という意見も出たほどである。時期によって、出身国には多少の偏り
があったが、新入生で台湾やインド、メキシコ出身の生徒も入部して国の幅が
広がった。1、2年生中心の活動だったのが2年目には3、4年生になってから
入部してきた生徒も増えた。この生徒たちは1年生とは授業ではあまり接点は
ないが、平日の定期活動をきっかけに仲良くなり、週末の校外活動に一緒に参
加してくれたこともあった。

❸ 居心地の良い場所をつくるには

　私が部活動を続ける上で大事であるといつも考えているのは、部員の構成バ
ランスである。これは一般的な運動部や文化部にも言えることかもしれない。
まずは学年のバランス、それから男女のバランス、そしてONE WORLDには特
に出身国のバランスが取れていた方が、部としての存在意義が出てくると考え
ている。その生徒の出身国の言葉（話しやすい言葉）を話す友人がまとまり居心
地の良い場所をつくる、という側面はとても大切なことである。でもそれと並
行して居心地の良い場所をつくりながらも日本語しか話せない日本人や、日本
語の方が得意な外国出身の生徒も一緒に交流できることが大切だと思う。

　これも私の感覚的な見方だが、フィリピン出身の生徒は運動部で定着してい
る生徒が割と多く、中国出身の生徒はアルバイトに励む傾向がある。運動部を
続けられるような生徒は同じ出身国の友人以外にも広く友人関係をつくれてい
るように思う。しかし、多くの生徒（日本人も含めて）は、3年間または4年間
を同じ出身国の友人中心で人間関係が終わる傾向にあるように見える。特に中
国出身の生徒のなかには、アルバイト先でも中国出身の経営者の下で働いてい
て、学校でも中国コミュニティが中心である生徒もいるように思う。その状況
が生徒自身は必ずしも良いとは思っておらず、かといって友人関係を広げられ
ずにいるのが現状である。ONE WORLDの活動がきっかけで少しでも彼らの
人間関係が広がったら良いと思う。

＊初出：小林佳朗（2018）「一橋高校多言語交流部（One World）の活動」『国際教
　育』45号、東京都国際教育研究協議会、一部修正

大学生と高校生の異文化交流

越境する教育実践

徳永智子

❶ サービス・ラーニングを取り入れた大学の授業づくり

　2015年度からONE WORLDの部活づくりに関わるなかで、大学生を巻き込んだ仕組みづくりを試みてきた。2016年9月から始めたのが、学生が大学の授業を受講しながら、地域の定時制高校の部活動に参加するという、サービス・ラーニングを取り入れた形態である。サービス・ラーニングは、1960年代にアメリカで生まれたもので、地域社会での社会貢献活動と学習活動を連関させ、学習者と地域の両方のニーズに応える教育方法である。私自身、アメリカの大学・大学院に留学した際に、サービス・ラーニングの手法を取り入れた移民に関する授業を受講し、地域の人々との関わりは今の教育・研究活動の原動力にもなっている。

　大学の留学生センターで「移民の子ども・若者」をテーマとした授業（週1回90分14週間）を開講し、学生たちは関連する概念や理論を学びつつ、一般社団法人kuriyaのコーディネートのもとONE WORLDの活動に学期中に1人3回以上参加した。受講生は、短期の交換留学生と正規学生（主に日本人）であり、2016年度後期は11名、2017年度前期は19名、2017年度後期は23名が参加した。留学生は、アメリカ、トルコ、オランダ、ドイツ、イギリス、スペイン、フランス、イタリア、ニュージーランド、オーストラリア、タイ、中国、韓国、ブルネイなどの大学に所属しており、移民の背景を持つ学生も多くいた。高校生との交流を深め、居場所づくりやエンパワメントに関わることが大きな目的である。具体的には、主にフィリピンルーツの生徒の英語力向上を目指し、英語での会話を行ったり、多文化・多言語を尊重したアクティビティ（ゲームや演劇ワークショップ）を行ったりした。活動に参加した後は、観察したこと、感じたことなどをフィールドノーツにまとめ、大学の授業で合同の振

大学生企画のアートワークショップ

り返りを行った。授業の最終回は、高校生を大学に招待し、学生主導でキャンパスツアーやアートワークショップなどを行い、交流を締めくくった。

❷ 定時制高校での異文化交流を通じた学び

　大学生がONE WORLDの活動に入っていくことは容易ではない。特に留学生にとって、日本の学校は初めての場所であり、日本語ができない場合はなおさら緊張するだろう。同じ「外国人」であっても、短期の留学生として来日している学生と、多くが複雑な家庭背景を持ち日本に永住する予定の外国につながる生徒との間には、大きな差異がある。高校生にとっても、毎学期大学から違うメンバーがONE WORLDの活動に参加し、言語も生まれも国籍も多様な学生と共に交流するハードルは高い。特に英語に苦手意識を持ち異文化経験が少ない日本人生徒が、留学生との英語によるアクティビティに参加するには、相当な心理的バリアがあるだろう。多くのメンバーにとって、ONE WORLDの活動は難易度の高い異文化交流と言ってもよいかもしれない。

　壁がありながらも、交流が深まるにつれて、徐々に多文化・多言語の場もつくられていった。ONE WORLDは、良い意味でごちゃごちゃしている。生まれ、言語、国籍、ジェンダー、家庭背景、宗教、年齢など多様な若者たちが集う場。フィリピンにルーツのあるつカナダ生まれ・カナダ育ちの留学生が、

ストーリーテリングの様子

フィリピンルーツの高校生たちとタガログ語と英語を交えて話す。コロンビア
ルーツのアメリカ生まれ・アメリカ育ちの留学生がメキシコルーツの高校生と
スペイン語で会話し、つかの間の安心感を共有する。シンガポールからの留学
生たちが、中国やフィリピン、日本にルーツのある高校生たちと、英語と中国
語と日本語を自由に使い分け、会話を楽しむ。日本人のリーダーが司会をする
際は、英語と日本語を話すフィリピンルーツの生徒が中心となり、日英の通訳
をしていく。言語も、間の取り方も、会話のスピードも、ジェスチャーも、そ
の場にいるメンバーによって次々と変化していく。

　ある日本人の男子生徒からは、ONE WORLDに参加することで「いろいろ
な言葉が聞けるのが面白いし、楽しい」という声が聞かれた。本人は日本語し
か話さなくても、ONE WORLDに行くと多言語の環境に身を置くことができ、
そこに「面白さ」を感じるようだ。フィリピンルーツの女子生徒たちは、留学
生と余暇の過ごし方、趣味、家族や友人について英語でざっくばらんに話がで
きたことが楽しかったという。高校では、日本語の環境に置かれているので、
この限られた時間に得意な英語で思う存分話し、対話できることがうれしいよ
うだ。また、さまざまな国から来ている留学生と対話することで、お互いの文
化について学び、自分の世界や視野を広げることができたとも語る。外国につ
ながる生徒は、しばしば日本人に母国の文化を教えることを期待されるため、
留学生と交流することで、自分たちも異文化を知り学ぶことができる意義は大

きいだろう。

　多様な人々との交流を通して、メンバーの間で想定していなかったつながりも生まれている。例えば、英語での言語交流の時間に、外国につながる生徒と留学生が日本で「外国人」であることの難しさや苦労の経験について共感する場面が多々あった。あるスペインからの留学生は、「英語でのセッションでは（フィリピンルーツの生徒たちと）よくフィリピンについて話し、お互い日本で『外国人』であり、日本に適応する立場にあることで結束を強めることができた。日本人がいない環境でこのトピックについて話し、解放感を味わい、お互いを受け入れ肯定できるような気持ちになった（筆者翻訳）」と振り返っている。フィリピンルーツの生徒たちも、日本で「外国人」として暮らす先輩として、来日したばかりの留学生に日本で暮らすことのアドバイスをする様子が見られた。一般的によく見られる大学生が高校生の支援をする上下関係の構図ではなく、お互いが日本で「外国人」であることの共通性をきっかけとして生まれた異文化交流ともいえるのかもしれない。

　もちろん、つながりだけでなく、違いにも意識が向けられていく。当たり前のように大学に進学した学生たちは、大学進学を希望しない高校生がいること、あるいは、生徒たちが経済的な理由や日本語力の壁などから大学進学できない状況に置かれていることに驚く。大学進学を是として進学に向けてのアドバイスをすること、励ますことの危うさに気づき、どう高校生と関わるべきなのか悩む様子も見られた。また、英語での交流が深まるにつれて、英語を話さない日本人生徒たちや中国ルーツの生徒たちが活動に参加しにくい状況が生まれ、課題となった。場のダイナミズムが固定化されてくると、その場に一体感を感じる若者もいれば、疎外感を抱き活動から足が遠のいていく人もいる。大学生の間では、活動は全てバイリンガルで行い、入りにくそうにしている生徒には声かけをするなど、インクルーシブな異文化交流の場をつくるための話し合いがなされた。私も顧問の先生方やkuriyaのスタッフの方々と共に振り返りを重ね、試行錯誤しながら実践の改善を目指した。

❸ これからの異文化交流

　社会がさらに多様化するなかで、異文化交流の教育実践は、「日本人」と「外

国人」という枠を越えて、年齢、学校段階、言語、国籍、ジェンダー、家庭背景、階層、居住地域など多様な差異を越境することを目指す必要があるのではないだろうか。教員が教室や学校のなかの多様性を意識化し、子ども同士がつながりや違いに気づき、学び合える仕掛けづくりをすること。地域の市民団体や大学などと信頼関係を築きながら協働し、子どもがさまざまな人々と継続的に交流できる場をつくっていくこと。

　異文化との出会いは楽しさや面白さだけでなく、戸惑い、悲しみ、不安、居心地の悪さ、怒りなどネガティブな感情も引き起こす。他者を理解できず、無視したり、排除したり、衝突することもあるかもしれない。しかし、そのような摩擦や葛藤も経験しながら、あるいはそのような難しさもあることを覚悟しながら、多様な人々が出会い、関わり、相互変容していく場をつくり、実践を続けていくことがとても重要だと思う。そしてそれは、一方向的なものではなく、お互いが歩み寄る努力の先にあるのだろう。

【注】

ONE WORLDでの居場所づくりの実践は、次の英語論文でも記述している。2本目は、ONE WORLDに関わってくれたフランスと中国からの元留学生と共同執筆した。

Tokunaga, T. (2021). "Co-Creating *Ibasho* at a Part-Time High School in Tokyo: Affirming Immigrant Students' Lives through Extracurricular Activities." *Educational Studies in Japan*, 15, 27–39.

Tokunaga, T., Machado Da Silva, I, & Fu, M. (2022). "Participatory Action Research with Immigrant Youth in Tokyo: Possibilities and Challenges of *Ibasho* Creation Project." *Annals of Anthropological Practice*, 46 (1), 40–51.

＊徳永智子（2017）「異文化交流の先にあるもの――大学における越境する教育実践」藤川大祐編著『授業づくりネットワーク』学事出版、No.27通巻335号、26–31初出、一部修正

高校・NPO・市民の三者が協働した
シティズンシップ教育

対話と参加を通した多文化共生の授業実践の試み

角田仁、宮城千恵子、渡邉慎也、澁谷優子、木村さおりサブリナバルトロ

1 ● はじめに──外国につながる生徒とシティズンシップ教育

　この授業は、将来社会を構成する一員となる高校生が身の回りで起きている出来事に目を向け、自ら課題や問題を取り上げ、解決に向けて今できる「小さな一歩（アクション）」から始める社会参画の実践である。「シティズンシップ教育」を権利や義務、制度に結び付けて考えるのは大事なことであるが、多くの当事者（高校生）にとって、自分と社会との距離は遠く感じられてしまっている。自分や近くにいる人たちと社会を結び付けてみたら何が見えるだろう、何を感じるだろう。さまざまなルーツや立場、価値観の異なる参加者間で交わした対話は、小さな社会のような教室にどのような変化をもたらしたのかを考察する。

　日本では1989年の「出入国管理及び難民認定法」の改正を契機に、在住外国人の数が急増している。誰もが安心して日常生活を送り社会生活の基盤をつくれる環境整備の必要性が高まり、日本語教育の推進に関する法律をはじめとして在住外国人とその子どもたちの生活や学びをサポートする取り組みも進んでいる。日本語指導が必要な高校生の課題についても、文部科学省や各自治体の尽力により実態が徐々に明らかになってきた。しかしながら、日本語指導が必要な高校生の中途退学率は、全高校生等の6.7倍、大学や専修学校などへの進学率も低く全高校生等の数字の7割程度にとどまってお

り、日本語指導が必要な高校生が日本社会でキャリアを築くまでの高いハードルが示されている（文部科学省, 2022）。

　日本語の習得や学力、経済的な状況など、生徒が学校をやめてしまう理由はさまざまあるが、一つには生徒たちが、日本の学校や社会に対して帰属意識を持てないことがある。日本に移住してきた生徒たちも日本社会を構成する一員として、受け入れる体制を構築することが喫緊の課題といえるだろう。では、社会に属しているという意識はどこから来るのだろうか。分かりやすい例として挙げられるのは、選挙権・被選挙権である。2015年6月、公職選挙法に関する法令が一部改正され投票年齢が18歳以上に引き下げられたことに伴い、文部科学省や総務省は「主権者教育」を推進してきた。その際、「選挙権のない外国籍生徒にどのように配慮すればいいのか」という戸惑いが聞かれたことが指摘されている（野崎, 2020: 12）。選挙権・被選挙権が与えられていない外国籍の生徒たちを目の前にした時、どのような授業をすればよいのか課題となっている。

　このような状況のなかで、2020年9月から10月にかけて、外国につながる生徒が多く在籍する東京都立一橋高校定時制では、高校教員とNPOスタッフそして市民による三者によって、多文化共生の実現を目指したシティズンシップ授業を展開した。働きながら学ぶことができるという利点から、定時制高校を進学先として選ぶ外国につながる生徒は少なくない。

　外国につながる生徒が学ぶ学校において、今、必要とされている教育を大きく二つに分類してみたい。一つ目は、生徒の進路実現が、国籍や在留資格、生い立ちといったさまざまな背景に左右されないための教育である。例えば、日本語学習の支援、母語や母文化が保障され安心できる居場所づくり、生徒たちが成功体験を持てる機会や将来に向かって挑戦することができる機会をつくることなどがある。二つ目は、外国につながる生徒が持つ可能性や力を引き出し、発揮できるとともに他者と共生社会を形成していくためのシティズンシップ教育である。マジョリティやマイノリティという枠組みを超えて、共に社会や政治への参加方法を模索し、意義を見出せるような働きかけが行われることが重要となる。

　ここで、シティズンシップ（市民性）の定義について触れておきたい。シティズンシップを「社会の構成員が権利や義務を行使し社会参画していく

力」（野崎, 2020: 8）と定義する。冒頭で述べた「主権者教育」といった内容はまさしく「権利や義務を行使し社会参画していく力」を養成するためにある。本実践においては、シティズンシップ教育の重点を「社会参画していく力の育成」と定めた。実践を通して生徒自身が、今自分はどのように考えているのか、どのように社会を構成する一員、つまり「共に生きる市民」として生きていくのかを考え、行動することを目的とした。この目的に向けて、教員・生徒だけでなく、多様な市民との協働によるシティズンシップ授業を展開していくことになった。

　本実践では、シティズンシップ教育の目的を、多文化が「存在」している教室から多文化が「共生」できる教室へと変容させていくことと捉える。マジョリティも含めて異なる言語的・文化的背景を持つ者同士がお互いへの理解を深め、さらには社会や政治に参加することの意義について考えることで、生徒たちは多様な意見に触れ、お互いを尊重することができる。さらには、外国籍の生徒が社会の仕組み、自分と社会との関わりを捉えることができるようにした。投票以外にも、仲間たちと意見を表明するなどさまざまなアクションをとることが社会や政治への参加につながることに気づいてもらいたいと考えた。多文化の生徒がただ「存在」している教室ではなく、先生と生徒、生徒同士が「共生」していくことのできる教室をつくるためにはどのような働きかけが必要なのだろう。

　本章では、授業づくりに関わった高校の教員やNPOスタッフの視点から、外国につながる生徒が多く在籍する定時制高校で実践したシティズンシップ授業を紹介し、授業の成果や課題を述べたい。[1]

2●実践の目標とプラン──社会に対して問いかけができる人を育む

　多文化の生徒が「共生」する教室をつくるために、この実践では「社会に対して問いかけができる人」を育てることを、授業目標とした。高校生が現代における社会的な課題を自分の視点を通して探求し、学ぶ機会とした。

（1）本章は、以下の学会発表の内容を発展させ、執筆した。角田仁・宮城千恵子・渡邉慎也・海老原周子・德永智子「NPOと連携したシティズンシップと多文化共生の授業実践」『日本シティズンシップ教育学会第1回大会』オンライン開催、2020年12月12日。

日々の生活のなかから社会との関わり方を見つけ、「小さな一歩（アクション）」を起こすことにより、自ら社会に働きかけることができるようにする。これらの過程を通して、社会を構成しているのは誰なのか、自分はどのようにこの社会に関わりたいのか、一人一人が問いを生み出し、またその問いを更新するサイクルが体験できることを目指した。

(1) 授業概要

　一橋高校で実施したシティズンシップ授業は、自由選択科目の公民科・学校設定科目「シティズンシップ」(2)（2単位）における実践である。

　2020年9〜10月の全6回・各回90分（45分×2コマ）の連続授業をNPOと協働して取り組んだ。

　この授業を選択している生徒は23名おり、そのうち8名が外国につながる生徒（中国、ネパール、フィリピンなど、うち6名が日本語指導が必要な生徒）であった。外国につながる生徒だけではなく、さまざまな背景のある生徒が受けており、お互いの生まれた国や育った環境が異なるクラスである。また教育関係者、民間企業やジャーナリスト、NPOスタッフ、議員、専門学校職員、弁護士、研究者、卒業生、大学生・大学院生などさまざまな市民にこの授業の見学と参加を呼びかけた。

(2) 生徒が社会とつながる三つの工夫

　生徒が現代社会におけるさまざまな課題と自分自身を結び付けて考えられるよう、授業プランにおいて以下の三つの取り組みを行った。

①生徒が当事者になるトピックの選定

　まずコロナ禍での社会情勢と生徒の生活に直結するトピックの選定を行っ

---

(2)「シティズンシップ」は、2016年から開講した2〜4年生対象の自由選択科目である。2017年から2019年まで法政大学キャリアデザイン学部の先生（筒井美紀先生、豊浩子先生）と学生の協力のもと、主権者教育の授業づくりに取り組んだ。この授業では、高校生の身近な「学校生活」「仕事・アルバイト」「暮らし・将来・その他」をテーマに自分たちの気づきや課題・要望を意識化し、言語化し、グループでシェアし、まとめ、発表することを試みた（筒井、2016；筒井他、2017）。2020年には、新型コロナウイルスの感染拡大のため、協働授業は中止となったが、NPOカタリバとの協力関係によって継承された。

た。今回の授業では2020年2月から世界的に蔓延している新型コロナウイルス感染症について自分自身の生活体験を通して気になったこと、課題だと感じたことを探究していくことを、授業全体のテーマとして設定した。具体的には生徒たちがコロナ禍で体験し、感じ、気になったことや、考えたことをもとに「アルバイト」や「学校生活」に分けてトピックを生徒自身で選んでもらった。生徒は自分で選んだトピックをもとに、自分の経験を通して社会における課題を探求した。

②学校外の多様な市民と協働した授業づくり

　社会の多様性をより意識できるよう、授業では積極的にさまざまな背景のある人たちとの関わりが持てる授業環境を目指した。「授業参観」というかたちで学校外の市民が授業見学をするだけではなく、市民と生徒が対話したり、生徒が考える過程に寄り添う参加型の授業を実施した。この実践が学校外に開かれたのは、担当教員の角田の提案によるものである。これまで都立高校でのシティズンシップ授業において、学校外の市民に授業見学を呼びかけ、授業後に意見交換会を開いたり、継続的にその後の授業にも参加していただくなど、協働の授業実践者として市民を巻き込んできた（角田, 2014; 角田, 2016）。本実践でも、多様な市民に参加してもらい、市民には生徒からのインタビューを受け、アドバイスをし、共にアイデア出しを行うなどの協力を依頼した。NPOと学校外の市民とが協働して、学校の内と外の隔たりをなくしたフラットな環境づくりを意識した。外国にルーツがあり、生徒の言語に対応できる大学生メンター（NPOスタッフやインターン）、高校の卒業生でロールモデルでもある外国につながる大学生／専門学校生、そして授業

(3) 都立高校定時制での地域のNPO・大学と協働した教育実践については次の資料を参考にされたい。
　　角田仁・蔵方博史（2006）「地域のNPOと連携した多文化共生教育」『これからの在日外国人教育　2006』全国在日外国人教育研究協議会、124–134。
　　東京都立小山台高等学校定時制課程（平成25年3月）「研究主題　多様な生徒が共に生きていくために――多文化共生の学校づくり　研究資料集』平成23・24年度　東京都教育委員会人権尊重教育推進校。
　　見世千賀子・角田仁（2017）「多文化共生に向けた市民性教育の検討――小山台高校定時制課程『市民科』の取り組み」『日本国際理解教育学会第27回研究大会研究発表抄録』日本国際理解教育学会、135–136。

図2-1　授業のワークシート

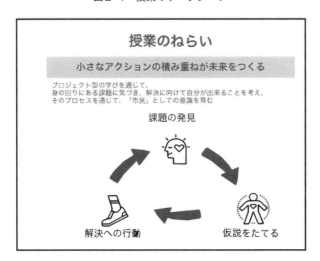

に興味を持つ多様な分野の市民の授業への参画と交流を取り入れることにより、異なるアイデンティティや価値観を持つ他者との対話が経験できる環境づくりを進めた。

③生徒が自己決定できる参画方法の提示

　授業のまとめでは、「小さな一歩（アクション）」と「発信」を目的とし、生徒一人一人がプロジェクトを作成、発表した。また、試験ではなく、ポートフォリオによる代替評価も行った。自分で発信する内容を計画し、成果物を作成し、最終ゴールとして、生徒が自らの思いを「アクションをとる・発信をする」というタイトルで表現してみた。

　他者との対話を通して、生徒が自分を出発点に考えや関心を深め、自分ができると思える社会との関わり方を考え、一人一人の「小さな一歩（アクション）」を大事にすることを目標とした。こうしてこのシティズンシップ授業の実践は、選挙での投票などの「主権者学習」に限定するのではなく、一人の市民として広く社会に関わり、生徒自身が行動目標を立てることができるようにした。

（3）主体的な参画を促すスモールステップ

　生徒が社会に対して問いかけができる人になるためには、社会のなかで他者と関わりを持ち、協働するとともに、自らの個性を活かし、社会に参加しようとする意識を育てることが重要である。そこで、次のような三つのステップを踏んで各授業の目標設定をした。

ステップ1　事前準備／問題意識を育てる

　私たちのプロジェクト型の連続授業を行う前に、まずは新型コロナウイルス感染症によって引き起こされた社会問題について生徒の考えや体験を引き出し、問題意識を培う時間を設けた。この活動を通して生徒がプロジェクトについて、自分自身とのつながりを見出せるようにした。

ステップ2　対話を通したプロジェクト型授業の実行

　ステップ1に出てきた問題意識を言語化し、生徒が問題の整理を行えるようにした。生徒は、問題が起きる原因を調査し、自身がその問題に対してアクションをとるための仮説をたて、その過程で市民へのインタビューや対話を通して意見交換を行い、探究を進めた。生徒は授業時間において自身が持っている問題意識に関するニュースや情報を探し出し、自身の問題意識の根拠づけを行った。

　生徒は自身の調べた内容や考えを動画にまとめた。また作成した動画の最終発表の場面において市民から講評やコメントをもらい自身の成果を振り返る会も設けた。

自分が気になる問題を発見する　→　「自分ができること」の仮説を立てる　→　解決への行動を起こす

ステップ3　振り返り、まとめ、発信

　全6回の連続授業を終えた後、生徒は自身の考え方や価値観がどう変容したのかを振り返り、プロジェクト全体を通して自身の成長を確認した。またクラスメートの発表内容や成果物に対して互いに感想を記入し、他者への意見を言語化もした。同じテーマを扱った生徒も他の生徒と視点の違いに気づ

表2-1　各授業の目標と内容の詳細

回数・時間	各授業の目標と内容詳細
1・90分	**自分にとっての問題を定義する** ・プロジェクトの全体図を提示 ・「私はこういう価値観を持っていて、この問題が気になった」を言語化 ・卒業生メンターからの自身のプロジェクトに関してのセミナー
2・90分	**問題の状態を検証する** ・具体的に問題の原因を考える ・さまざまな市民からアドバイスをもらい、対話を繰り返す。自分から市民へインタビューもしてみる。このことで、自分自身の課題（問題）を把握する。自分と異なる意見と出会い、取り入れる。 ・自分ができるアクションのアイデア出しをする
3・90分	**自分の問題定義を社会と接続する** ・インタビューを振り返ったり、問題が起こる原因の根拠を自身の視点・ニュースや新聞からの情報・対話を通して知った他の人の視点をもとに探って言語化する
4・90分	**自分ができる行動を考える／行動を実践してみる** ・生徒が問題だと感じていることと、取りたい行動別にグループを分け、それぞれのアクションを準備する ・自身の問題に対しての調べや当事者としての体験を発信することや、自身が思ったことの表現などに分かれ、メンターとの対話や作業
5・90分	**自分の考えや行動をまとめる** ・自身の発信やアクションを動画にまとめ、今まで自分が考えたことや行動にしてきたことを他者に伝えるための記録を取る
6・90分	**最終発表** ・動画を通して自分の行動や発信を発表し、市民からの質問や対話を通してコメントをもらう

くことも見られた。

　さらに次のステップとして生徒は発表の際に作成した動画や、自身の調べた内容をまとめたウェブサイトを作成し、それぞれのプロジェクトを学校外に発信する準備も行った。

　上記の三つのステップに合わせ、全6回の授業目標を表2-1に記載した。

3 ● 取り組みの様子
──自分が社会の一員だと気づくことで生まれる問い

　日本語指導が必要な生徒をはじめ、多様な背景を持つ生徒が多く参加している授業であったため、全ての生徒が自分の意見や考えを伝え、思考の整理ができるように、ワークシートやスライドを工夫した。

　まず、ワークシートは日本語、英語、中国語など多言語で準備した。外国につながる生徒のなかには日本語学習のために、自ら日本語のワークシートを選ぶ生徒もいれば、自身が理解しやすい言語を選ぶ生徒もいた。どのワークシートを使って記入したいかを生徒が自分の意思で選択できることを大切

図2-2　第1回目のワークシート

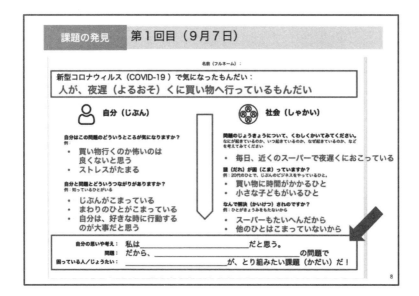

にした。

　また、発表や自分の気持ちを伝える時にも生徒が話しやすい言語で話して
もらい、それをNPOのメンター側で訳したり説明をしたりして、生徒が自己
表現しやすい環境づくりと生徒同士の言葉の壁をつくらないよう配慮した。

　スライドを使っての授業説明は、やさしい日本語を活用し、生徒の反応を
見ながら、英語でも補足をした。生徒の日本語レベルに合わせて、通訳のサ
ポートが必要な生徒に対しては近くのメンターが支援した。

　以下では、授業の様子を使用したワークシートを紹介しながら説明する。

　第1回目の授業では生徒自身が「新型コロナウイルス感染症の発生による
個人と社会への影響」というテーマに関して、気になっている問題の分析を
行うため、図2-2のようなワークシートを活用した。生徒がなぜその問題
が気になったのか、その問題が現代社会にどのようなかたちで反映され、影
響を及ぼしているのかを考え、まとめることを授業のねらいとした。

　多くの生徒は「緊急事態宣言による収入の減少」や「学校行事の中止」な
どを、気になった問題として書いていた。アルバイト代を自身の生活費や交
通費、または娯楽費用に充てている生徒も多く、緊急事態宣言下でも営業せ

図2-3　第2回目のワークシート

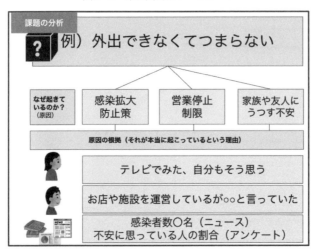

ざるを得ない仕事に就く生徒や、営業停止によりアルバイトができず収入が減って困っている生徒がいた。また、修学旅行や文化祭などの学校行事が中止になってしまったこと、大学や専門学校のオープンキャンパスや説明会がオンラインになってしまい進学先の雰囲気が分からないことを問題にしている生徒もいた。

　次に生徒それぞれが気になった問題に対して「問題の分析」を行った。分析にあたって、原因と根拠を可視化、言語化するために図2-3のようなワークシートを活用した。気になった問題に対して、一つだけではなく、複数の原因を考え、原因の根拠を示すための「自分からの情報（1次情報）」と「他人からの情報（2次情報）」、そしてメディアや情報機関からの情報を調べ整理した。問題が現代社会でどのように現れ、何が原因で起こっているのかを当事者として経験したことをもとに分析を行った。

　生徒のなかには自身の考えを言語化するにあたって、スマートフォンの翻訳機能を使用して記入している生徒もいた。生徒自身の理解を深めるため、必要に応じて得意とする言語を使用するように伝えた。図2-4の「生徒が記入したワークシート」では日本語と英語の両方で書かれている。このように、日本語での言語化が難しい場合は、母語で記入した後に翻訳機能を使用したり、NPOスタッフが翻訳のサポートを行った。

図2-4　生徒が記入したワークシート

図2-5　生徒が記入したワークシート（中国語）

画面	台词
①−1：关注的问题 欧洲人觉得新冠肺炎是由亚洲人引起的。 ヨーロッパ人は、コロナウイルスはアジア人によって引き起こされていると考えています。	例）于新型肺炎流行之后的社会，我所关心的问题是＿＿＿＿。
①−2：理由 最初的新冠肺炎是在中国。 コロナウイルスは中国で最初でした。	例）[自己的经验/听别人说/新闻] 由于以上的原因，所以我觉得这是个问题
②−1：这个问题所引起的其他问题 种族歧视变得更加严重，国家之间的一些引战 人種差別はひどくなった。	例）我身边发生的事情＿＿＿＿/我看到了关于＿＿＿＿新闻。
②−2：根据（有有哪些事实呢？） Twitterの多くのヨーロッパ人はアジア人はウイルスを持っていると言います。そして，中国の物は買いません。	例）事实上，根据[数据来源]，有数字和研究表明
③−1：我的意见（我认为应该做/或许这样会更好） 世界の人々は地球の親です。だから，誰もがお互いに正直でなければなりません。	例）对于这个问题我想我可以做＿＿＿＿就会变得更好。
③−2：小行动（我应该从＿＿＿＿开始行动） 每天戴口罩，去人多的地方，每天定时测量体温，定时消毒 毎日マスクを着ける，人が多いところ行きません，毎日体温を測る，定時に消毒する。	例）我正在做/将要做的行动是＿＿＿＿。

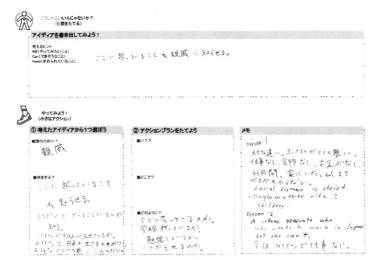

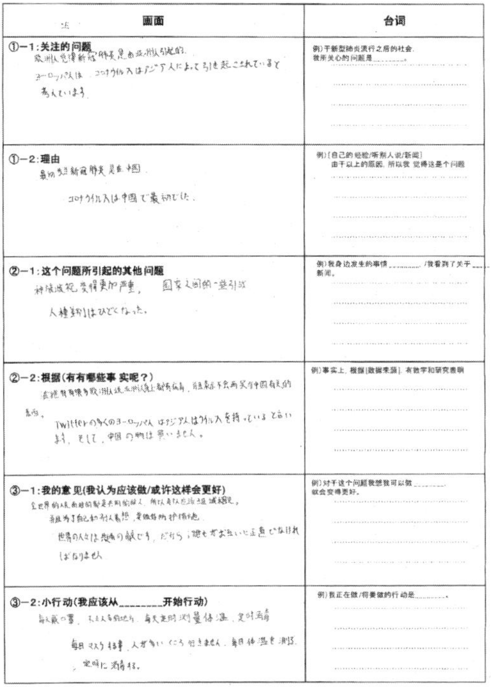

　生徒が考えていることや思っていることを対話を通して引き出すために、アクティビティや個人の作業に取り組んでいる時は、進行状況や言語に合わせて小グループ（1〜4名）をつくり、そこに市民や大学生メンターが入った。生徒たちがさまざまな市民と対話の機会を多く持てるよう、授業1回当たり15〜30分ほど市民との対話時間を確保するようにした。

　図2-5のワークシート（中国語）からは、生徒が伝えたいことを最初に中国語で書き、その後スマートフォンの翻訳機能を使って日本語に訳し、市民との対話を行った記録が読み取れる。

　教室内では、生徒と大人関係なく、誰もが一市民として「新型コロナウイルス感染症による個人と社会への影響」に関して経験や考えを持っており、それらが共有されていた。生徒たちが多様な背景を持つ市民と対話することで、今持っている考えを共有したり、また生徒たちが普段関わることのない人々との接点を見つけたり、あるいは他者が持っている考え方や意見の違いを知ることができた。

　高校生たちが、最終ゴールである、社会を変えるための「小さな一歩（アクション）」の具体的なイメージを持てるように、外国につながる卒業生の先輩から話を聞く「先輩トーク」を行った。参加してくれた2名の先輩は、新型コロナウイルス感染症の感染拡大をきっかけに立ち上がった筑波大学の研究プロジェクトに参加し、大学の教員と共に「高校生たちがどのような事に困っているのか」についてインタビュー調査をし、課題に対してどのようなアクションをとるかの考えを高校生に向けて話をした（⇒第5章、コラム7を参照）。

　授業の回数を重ねていくなかで、授業の冒頭では前回の要約やメッセージをその時の写真や言葉で振り返るようにした。「先輩トーク」や市民との対話の内容や、その様子を撮った写真をスライドに映して、生徒たちがこれまで授業で学んだことを繰り返し振り返るようにした。

　最後に「小さな一歩（アクション）」の形式を生徒に選択してもらった。自分自身の考えを表明した動画をつくるか、具体的なアクションを起こしてみた過程を動画で発表するかを生徒が選択した。自己決定の機会を設けることで課題を自分事化していくこと、各生徒に応じた目標設定と成長へのステップを見える化することで、自主的なアクションが生まれることを目指した。

生徒が市民の参加者へのインタビューを実践している様子

卒業生による「先輩トーク」の様子

　最終発表では、生徒それぞれが作成した動画の鑑賞会を、生徒全員とこれまで授業に参加してくれた市民や大学生メンターと共に行った。生徒には動画の内容を説明してもらい、鑑賞後には市民からの質疑応答の時間も設けた。お互いのアクション動画を見て、一人一人が感想や受け取ったメッセージを伝え合った。

4 ● 実践の成果──個の違いに触れることが参画のきっかけに

　全6回にわたって実践されたシティズンシップ授業の成果を、次の三つの観点から述べたい。

(1) 複層的な関係が織りなす「対話の場」そして「居場所」

　本実践の舞台である教室内には、さまざまな関係性のなかで生まれた対話が大事にされた。高校の教員とNPOスタッフの対話、教員と参加してくれた市民との対話、またはNPOスタッフと市民、市民と高校生たちとの対話などである。そして、さまざまな言語的・文化的背景を持つ生徒同士でも対話が見られた。多種多様な国籍、年齢、性別、立場による、いくつもの関係性が重なり合う教室が生まれた。そこには「みんな違う」ということを前提とした上で、違うからこそ対話を通してお互いの理解を促す場をつくることができた。

　市民として授業に参加した大人たちは、授業で生徒と対話をするメンターとして、プロジェクトのサポートをしていた。見知らぬ大人と話すことに慣れていない数名の生徒は、最初の頃は目を合わせることもできず、会話がなかなか始まらないこともあった。しかし、毎週のように同じ顔ぶれに会い、自分の言った何気ない一言や思いついたアイデアに対して真摯に耳を傾け、承認してくれる市民の存在が、生徒たちのその場への安心感につながっていった。「ここなら自分の話を聞いてくれて受け止めてくれる」という信頼感が生まれ、授業という枠を超えて、教室が徐々に「居場所」として機能し始めた。

(2)「居場所」が生み出す生徒と市民の変容

　シティズンシップ授業をプロジェクト型学習で進めていく過程で、生徒は「自分とは誰か／何か」といった、自分自身の考え方やその背景にある前提を模索した。その過程を通して、自らを取り巻く社会構造に意識を向けることや、他者に自分自身からつながろうとする意欲を示す場面が見られた。例えば、初回の授業で「こんなダルそうな授業誰がやるかよ」とこぼしていた中国につながるKさんは、自分と同じ中国語話者であるメンターとの対話

高校生と市民との対話の様子

を通して、過去に中国の小学校を卒業した直後、家庭の事情で日本の公立中学校へ入学させられた時の経験を振り返った。自分は日本語をまったく話せないマイノリティであると痛感させられたことや、中国出身だからという理由でからかわれたりした経験を振り返り、その時の感情がどんな価値観とつながっているのかを整理していった。過去から現在の自分の状況へと目を向け、高校では周りと関わらなくて済むように一日中スマホをいじって学校での時間を過ごしていること、でも本当はこうできたらよかったという葛藤とともに自分の置かれている環境や選択に向き合った。結果、「絶対に国籍や出身で人を差別したくない」といった自身の経験にひも付いた思いを、対話を通して口にした。Ｋさんは「コロナ禍で起きた人種差別について」というテーマで発表し、同じ授業を履修している日本人の生徒から「そういうことについてまったく考えたことなかった。考えさせられた」というコメントをもらい、自分の考えを発信することで他人に新しい視点を与えることができるという体験をした。発表を終えたＫさんに授業の感想を求めると、「やっぱりこう自分の母語を使って対話したり学習したりするのって、今までの授業ではあり得なかったし、まぁ楽しかったかな」といった発言が見られた。さらに最後の振り返りの会では、「中国語で振り返りますか？」との提案に、「日本語で話します」と今まで避けていた日本語での対話に自ら挑戦してい

た。Kさんにとって、自ら考え、自ら動くという「ダルい」授業は「楽しかった」授業という認識へと変わった。また、向き合う意欲をなくしていたところから再度挑戦しようとする意識と行動の変容が見られた。

　その一方で、市民たちには、国籍も文化も日本語能力も違う生徒がいる教室で、コミュニケーションの壁が立ちはだかっていたことは想像に難くない。最初は戸惑いを見せていた人も、翻訳ツールやその場にいる市民同士の解釈のフォローを頼りに、目の前の生徒と真摯に向き合い、徐々に生徒のテーマを追体験しながら対話に前のめりになっていった。回数を重ねるごとに市民たちが高校生に対して新しい気づきを得ていき、いつしか市民たちにとってもそこは「居場所」または「コミュニティ」として機能するようになっていった。高校生の視点を通して社会に触れることは、同じ社会を構成する一員である市民としての気づきをもたらす。自分という存在と目の前の生徒の生きづらさがつながり、自分を取り巻く息苦しさや困難さへの構造的理解が深まる。そのなかで、授業参加というかたちでの社会参画への意欲が引き出されていった。

(3) 高校×NPO×市民でつくりあげた新たな授業のかたち

　本授業の成果として最後に挙げたいのは、高校・NPO・市民が協働してつくりあげた新たな授業のかたちという点である。次の二つを新たな授業の仕掛けとして大切にした。

　第一に、学校側が外部資源を積極的に活用したという点である。本実践は教員とNPOが協働したところから始まっており、NPOの言語的・文化的多様性を持ったスタッフを教室内に配置し、生徒が少しでも安心して話せる環境を整えることで、日本語が十分に理解できない生徒のプロジェクトへの参加に向けて支援を試みた。日本語指導が必要な高校生は、日本語がまったく分からない状態で日本の学校に入ることもあるため、生徒たちが出身国で積み上げた学びの経験を活用できない場合が多い。学習に対しても、学校生活に対しても、日本語でのコミュニケーションに対しても心を閉ざしてしまう。そういった状態の生徒が再び学びへの意欲を取り戻すには、授業への参加方法を一つに絞らないこと、あらゆる立場からの関わりや承認の過程が大切であった。外部資源の活用には、「想定外」のことも多い。希望する基準

に達する人材が確保できない、意図したように行動してもらえない、求めていた通りに成果が出ない。しかしながら、こうした「想定外」に市民がどのように行動するのか、今回で言えばスタッフの葛藤や意見の差異をあえて見せることが、多様な他者とどのように関わるかという、生徒たちにこれまでとは違った選択肢を提示することにつながっていた。

　第二に、市民が参画できる授業形態にしたということである。従来は定時制高校に市民が課題を持って足を運ぶことは少なかった。外国につながる生徒が在籍している実態を市民は認識もしていなかっただろう。しかし、この実践に市民が参加できるよう門戸を開いたことで、多彩な市民が想定よりも多く集まり、多様性あふれる教室を実現することができた。生徒が教室に共通したテーマで自ら問いを設定し、自ら情報を収集し、教室にいる市民と意見を交わし、協働してプロジェクトの完成を目指していく。今回、多様性あふれる生徒を受け止めることができたのは、市民の側にも多様なアイデンティティや価値観があったからだと考える。多様性に対応するには、受け止める側にも多様性が必要になる。これは、これからの教室に欠かせない要素になってくるだろう。このような市民と共につくる授業は、目標とした「社会に問いかけができる市民」の育成のために、重要となる資質・能力を育むことにつながった。

5●おわりに

　高校の教員とNPOが協働し二人三脚で始めたシティズンシップ授業は、市民である大人たちや生徒たちが個の違いをもとに多様な視点と対話で、共に社会に対してアクションをしていく新たな授業形態を生み出していった。この授業形態について本実践に市民として関わっていた南浦涼介先生は、外国につながる子どもたちの教育の二つの側面として、文化的アイデンティティやルーツに対する承認を指す「差異の承認」／教育の機会、日本語の制度的充実、教科学習への参加を指す「格差の是正」というように整理した上で、本実践を「単なる『格差の是正』の発想で個別的な指導に落とし込むのではなく、むしろ多様なリソースを使うことを許容して探究を促すという個性化の学習を促進に転換している」（南浦，2021: 22）と述べている。さらに

は、「格差の是正」／「差異の承認」という二項対立の構図にとらわれることなく、「格差の是正的な学力の育成を、個性化という発想で多様な差異を認め合う中で進めている」(南浦, 2021: 22) と本実践を振り返っている。

　授業の初めは、自分が気になっているイシューを共有することに自信がなかなか持てず、発言をためらってしまう高校生が多くいた。それは日本語指導が必要な生徒だけではなく、日本人の生徒でも見られた。今回の大きなテーマとして「コロナ禍の社会であなたが感じた課題」が設定されていたが、本質的には生徒にしかない視点や物事に対する考え方、感性や体験が十分に反映されるテーマを扱うことが重要であるといえる。本授業の最終発表では誰一人として発表内容が重複することはなかった。その生徒にしかない感性を丁寧に引き出してかたちにすることで、その生徒の「自分らしさ」が現れ、それは生徒本人にとって今後社会で生きていく上での力やツールとなり得る。

　最後に、角田による本実践の振り返りを本章の結びとしたい。外国につながる生徒、そして日本の生徒が同じ空間で、同じ時間を共有して、周りの市民たちやクラスメートと一緒になって考えたり、対話を通して何か新しい気づきを得る。こうしたことが他人の話をきちんと聴き、尊重するようになる。このような積み重ねから、健全な市民社会または民主主義社会、ひいては多文化共生社会を象徴する萌芽が見られたように思う。従来の授業形態とは違い、先生、市民、生徒がそれぞれ対等に話して、それぞれ思ったこと／感じたことを発信するといった今回のこの実践は、共に生きていく「多文化」が「共生」する社会をつくっていくきっかけとなったのではないだろうか。この実践が今後の日本における多文化共生を目指した教育の在り方を考える上で参考になれば幸いである。

【参考文献】

カタリバ（東京都立一橋高校 X NPOカタリバ）https://sites.google.com/katariba. net/hitotsubashi-citizenship-2020/%E3%83%9B%E3%83%BC%E3%83%A0?authu ser=0（最終閲覧2022.7.12）

南浦涼介（2021）「高等学校JSL生徒の日本語力の育成と教科の学習指導について」『高等学校JSL教育研究』1, 20–22。

文部科学省（2022）「日本語指導が必要な児童生徒の受入状況等に関する調査結果について」https://www.mext.go.jp/content/20230113-mxt_kyokoku-000007294_2.pdf（最終閲覧2023.1.20）

野崎志帆（2020）「多文化共生のためのシティズンシップ教育とは」多文化共生のための市民性教育研究会編『多文化共生のためのシティズンシップ教育実践ハンドブック』明石書店、8–13頁。

角田仁（2014）「多文化共生の学校をめざして――15ヶ国のルーツのある生徒たちと出会って」『第35回全国在日外国人教育研究集会資料集』70–74。

角田仁（2016）「なぜ小山台高校定時制課程で「市民科」なのか」『多文化共生社会における市民性の教育に関する研究プロジェクト』東京学芸大学国際教育センター、2-8。

筒井美紀（2016）「公立高校定時制課程における『人間と社会』の時間を活用した主権者教育の実践――大学生との協働学習をふり返る」『生涯学習とキャリアデザイン』14巻1号、115–127。

筒井美紀・遠藤めぐみ・細井美結・鈴木美波（2017）「昼夜間定時制高校で市民性を育む――多様な生徒に大学生が寄り添う授業の試み」「法政大学キャリアデザイン学部連続シンポジウム　第17回シティズンシップ教育とキャリア教育を繋ぐ――大学と高校の対話の試み」『生涯学習とキャリアデザイン』15巻1号、235–238。

座談会

当事者が考える「移民」という呼び方

木村さおりサブリナバルトロ、栗秋マリアン、セレスタ・プラギャン、澁谷優子
（聞き手：海老原周子、徳永智子、角田仁）

「外国人児童生徒」「日本語指導が必要な子ども」「外国につながる子ども」
「外国につながりのある子ども」「外国ルーツの子ども」「海外ルーツの子ど
も」「多文化の子ども」「移動する子ども」「移民の子ども」「ハーフの子ど
も」「ミックスルーツ」など多様な呼び方が次々と支援者や研究者、行政関
係者によってつくられている。支援者や関係する日本人の大人だけが言葉を
つくっていくのではなく、当事者の若者たちと共に言葉をつくっていくこと
が重要ではないか。若者たちはこのような呼び方をどう思っているのか、ど
う自分たちを呼んでいるのか、どう呼ばれたいのか、「外国ルーツ」や「移
民」に関係する呼び方についての思いを聞いてみたいという趣旨で当事者の
若者4名と編者が座談会を開催した。

1 ● 自己紹介
——私の名前と生い立ち

海老原 まず最初に、簡単に自己紹介をそれぞれ、お願いしたいと思いま
す。

マリアン 通称名で、日本では、クリアキ・マリアン。クリアキを漢字で書
いて、マリアン。カタカナなんですが、パスポート名はマリアン・ハーン・
クリアキで名字が二つあります。国籍はペルーです。生まれは日本の埼玉で

す。小学5年生までずっと日本にいて、そこからパキスタンに約6年間ですかね。高校2年生まで勉強して、冬に日本の高校に転入して、今大学5年生で来年の3月に卒業します。ルーツは母が日系ペルー人でミックスで、お父さんが純パキスタンの人なので、パキスタンとペルーと日本っていう三つのルーツがあります。言語は、母国語がちょっと分かんないんですが、日本語、英語、ウルドゥー語（パキスタンで話される言語）と、あと少しスペイン語です。言語レベルは、多分、今伝えた順番のレベル感かなと、自分のなかで思っています。大学は、東京都立大学で経済経営を学んでいます。来年から社会人で仕事をします。

優子　澁谷優子と申します。私は台湾台北市で生まれ育ち、小学校・中学校と日本人学校を経験してから、現地校に行き、帰国子女枠で筑波大学に入学して、昨年大学を卒業してからご縁があってNPOカタリバで、外国にルーツを持つ高校生支援事業に携わり、そこで海老原さんだったり、徳永先生、角田先生と出会いました。ルーツは母親が台湾の人で、父親が日本人です。言語は中国語も日本語も共に母国語で、私にとっての第2言語は多分英語になるのかな。あと聞けるレベルなんですが、台湾の言葉、台湾語も聞けます。現在はNPOカタリバの仕事を1年ほどし、筑波大学の大学院で国際教育を専攻しております。よろしくお願いします。

プラギャン　名前は、セレスタ・プラギャンといいます。プラギャンが名前で、セレスタが名字になっていまして、生まれは実は日本の東京板橋区です。日本で生まれてすぐにネパールにいる祖父母の元に預けられて、小学校2年生の時に日本にいる両親の元に帰ってきました。日本の小学校に2年間通った後、またネパールに行って、中学校を卒業するまでいました。その後は日本に戻り、高校、大学に通って今に至ります。ルーツは、父親と母親どちらも、ネパールの人です。言語は家庭内ではネパール語になりますが、今一人暮らしをしてるので、ネパール語がちょっと薄れつつあります。学校は、筑波大学の大学院に通っていて、仕事はまだしていないという感じです。大学院ではコンピュータビジョンという分野の研究をしています。よろしくお願いします。

サブリナ　木村さおりサブリナといいます。日本では木村さおりサブリナで名前を表記していますが、母国では母の苗字も加わり、木村さおりサブリナバルトロがフルネームになります。生まれがペルーで、ペルーとブラジルで幼少期は過ごしていました。10歳ぐらいの時に日本に来て、最初富山県に住んでいたんですが、神奈川県の伊勢原市という所に移住して、その後神奈川県の愛川町という、結構外国人が多い地域に移住しました。ルーツとしては、ペルーとブラジル、日本、ポルトガル、イタリアがあります。お母さんのお父さんがイタリア人で、お母さんのお母さんが日系ポルトガル人だったので、お母さんも日系のルーツです。お父さんが、日系ブラジル人なので5か国にルーツがあります。ただ私はペルーとブラジルと日本でしか暮らしたことがないので、ポルトガルとかイタリアは、文化としてあまりなじみはないです。言語としては、最初にスペイン語とポルトガル語を聞いて育ったので、結構ごちゃ混ぜで覚えていますがスペイン語の方が得意です。その次に日本語。今は、日本の方が長いので、日本語が得意です。去年、桜美林大学のリベラルアーツ学群を卒業しました。国際協力を専攻していて、その後コロナでいろいろあって、無職になったりしたんですが、その後NPOカタリバさんで優子と一緒に、外国ルーツの生徒たちの授業に関わっています。よろしくお願いします。

海老原　ありがとうございます。角田先生から一言お願いしてもよろしいでしょうか。

角田　都立高校の教員の角田と申します。一橋高校のシティズンシップの授業では、大変ありがとうございました。それから、ONE WORLDの部活動も、お世話になりました。ありがとうございました。この4月からは、町田高校の定時制という、桜美林大学に近い所におります。皆さん、ぜひよろしくお願い致します。

2 ● これまでどう呼ばれてきたのか

海老原　テーマに入っていこうと思うんですけれど私もやっぱりいろんな人

の前で、特に大人の前でプレゼンするときなどに、分かりやすいから、「外国ルーツ」とか、ときによっては英語だと「移民」だとか使ったりするんだけど、「ハーフ」とか「ミックス」とかいろいろな呼び方があるじゃない。これでいいのかなって戸惑いながら実は呼んだりしているなかで、みんなそれぞれ育っていて、どういうふうにこれまで呼ばれてきたのかとか、印象に残った呼ばれ方、エピソードとかあれば、差し障りのない範囲で教えてほしくて。しっくりきた呼び方とか、逆にこれはすごい嫌だったなということがあれば、聞かせてほしいです。「外国ルーツ」って呼ばれたりする時とかって、どうでしたか。

サブリナ　私自身は、5か国にルーツがあるので、「ミックス」と言われるのが、一番しっくりというか、まだいいかなっていう感じなんですが、今までは、ペルーにいると日本人と言われて、ブラジルにいる時も日本人と言われる。日系人なので見た目的にも日本人だし、おじいちゃんおばあちゃんが日本人だったので、ブラジルにいた時は特に日本人の家庭みたいな感じで言われていたんですが、日本に来ると、外国人と言われるので不思議な感じで。でも、「ハーフ」ではないしなと思って、そこで「ミックス」という言い方が、一番自分のなかでしっくりきたなって思います。私今25歳なんですが、25歳になると帰化申請して、帰化している子が多いんです。20歳でみんな帰化するか、国籍のこととかで悩んだりするので。帰化申請して日本人になっても、日本国籍になっても、ずっと「外国ルーツ」だったり、「ハーフ」だったりと呼ばれ続けるから見た目で結局判断されちゃうというか。それは自分が生徒たちと関わっている時も、いつも思っていて、日本国籍を既に取ってる子を、ずっと「外国ルーツ」の子って呼び続けるのも、自分のなかで、何か違和感があって、私の周りには日本人になりたくて、帰化申請に結構時間もかかって、すごくいろいろ大変な思いして、やっと日本人になれた、みたいな子もいるので、そういった時に、「外国ルーツ」の子ってずっと言い続けるのも違和感をずっと感じて。

優子　私は生まれも育ちも台湾で、受けた教育がたまたま日本人学校だったので、ある程度のアイデンティティ構築と、勉強も日本語でやってきたとい

う、日本の環境がすごい強固なものなんです。大学を帰国子女枠で入学した
こともあり、大学に入学した頃は「帰国子女」と呼ばれていたのですが、ど
こへ帰国したんだろうという感じがまず最初にありました。台湾から初め
て日本で長期居住したのが大学からだったので、初めて感じた違和感。「帰
国子女」と呼ばれて、少したった頃に、同級生に「いや、優子は帰国子女
じゃなくて、日系台湾人でしょ」と言われて、「日系台湾人？」というよう
な。それもちょっと違うなと思って。ただ台湾と日本のミックスではあると
思ったので、私も多分サブリナと同じで、「ミックス」って呼ばれた方がい
いのかなって、思います。「ハーフ」って言った方が浸透しているのですご
く伝わりやすいっていう観点でTPOを考えながら、私も用語を使い分ける
ということをしていて。でも、最初日本人学校にいた時に、「ハーフ」って
自分でも言っているし、周りにも言われていたんですが、だんだんこの分野
を勉強することによって、だんだん「ハーフ」って、半分だしなってなり、
ちょっと違和感を感じて。だから、結果としては「ミックス」の方が、一応
折り合いがつくのかなと思っています。

マリアン　まだ1歳にもなってないぐらいに日本の保育園に入ったんです。
両親が共働きで、両親とも母国が違う言語で、共通語として英語を話してい
るという環境下で保育園に入ると、言語がしっかりミックスされていて、誰
も理解できないという状況だったんですが、幼少期のアイデンティティは日
本人だったらしく、小学校1年生まで自分を日本人だと理解していて、初め
て日本の小学校3年生とかで、「外人」って、すごい周りから言われるよう
になりました。自分が周りとすごく違うんだっていうのを初めて意識して、
周りの友達が学校にお母さんやお父さんが来ると、「ちょっと外人の人が来
た」っていうふうに言っていたんです。初めて、「外国人」って言葉を知っ
て、自分の名前だけがカタカナ表記で他の友達と違うのはなんでなのだろう
とか、容姿が違うのはなぜだろうっていうすごくいっぱいいろんな言葉を聞
かれて、ちょっと混乱した時期だったんです。学校に居続けるのが、苦しく
なり、小学校6年生でパキスタンに行ったのですが、移住した一つの理由と
して、何とか人になりたかったというのが目的で、あの時はパキスタン人に
なりたかったんでしょうね。やはりそっちに行っても、「ジャパニ」「日本

人」っていうふうにすごい言われて、混乱して。私の容姿は日本人ではない
けれど、彼らにとっては日本で生まれて、アクセントが日本人であることに
よって、すごい日本人だと思われる。頑張って言語や彼らの宗教を、自分な
りに身に付けてアクションとしてやっても、やっぱりなんか、うまいねって
いう、ちょっとできたねっていうふうな感じだったので、パキスタンの時は
常に日本人扱いされていました。

　帰ってきてからは、環境が変わり、ローラとか「ハーフ」「ミックス」の
女の子たちが、テレビに出るようになったので、「ハーフ」みたいによく言
われました。でも私は半分半分、50％の血統ではないので、「ハーフ」って
言われても、ん？となり、時間がなかったら「そうだよ」というふうに、理
解するの時間かかるだろうし適当に流して。でも、そうじゃないというふう
にずっと思っていました。「クォーター」っていう言葉もちょっと出ていた
ので、「クォーターだよ」と言う時もあったんですが。「クォーター」の単語
の説明をしないといけない時が出てきたので、面倒くさくなり、「そうだよ」
というふうに適当に言っていました。私が言われて、しっくりする言葉はな
いんだろうなと今思っていて、スペインに留学を 1 年した時に、「何人？」っ
て言われるよりも、「どこから来たの？」と言われた方が答えやすいなって、
すごく思ったんです。理由としては、どこから来たのというところに、私の
アイデンティティや、私の関係性、自分のものがあり、国籍はペルーだけれ
ど 1 カ月しか行ったことないし、あまり国歌も歌えないし、ペルーに関して
は何もあまり知らないんですね。なので、私は、何て呼ばれたいかって言っ
たら、別に何とも呼ばれたくない。そういうふうに人々にレッテルを貼って
説明するのが、多分人間的には安心感があるので、そういうことをやるので
しょうけど、私は自分の個人的な意見としては、あまり快適ではないなとい
う。

海老原　ありがとうございます。でも以前にマリアンがどこの出身かを説明
するのに多分国のことを聞かれていたと思うんだけど、あえて埼玉って言い
続ける、みたいなことを言ってたよね、私に。

マリアン　意地悪な時期があった時、言ってました。「埼玉です」って。

海老原　それもそうだよね。皆さん3人聞いていて、やっぱり、説明するのが面倒くさいって言ったらあれだけど、時間がかかるっていうところは、多分あるんじゃないかなと思って。

プラギャン　僕は「外国人」としか言いようがないんですが、「どっから来たの？」とか「国籍どこなの？」って言われたならば、「ネパール人」って答えて終わりなんです。何て呼ばれても、今はいいですが、やっぱり子どもの頃は気にすることはあって、初めて日本で小学校に行く時に日本語がしゃべれないわけなので、「外国人」「外人」とか言われたりして、その時は別に納得します。外国の地に来て、何か勉強してるとか、他がすごいしゃべっているのに、僕だけしゃべれないという状況なので、「外国人」だなっていうふうに認識するんですが、ある程度しゃべれるようになり、今度は母国語がしゃべれなくなってしまうので、ネパールに帰った時に今度はそこでも「外国人」って言われるとあれ？ってなり、どっち？ってなったのですが。今は「外国人」でも「外人」でも、この二択しかないんで、どちらでも適切なのかなとは、思ったりします。

3 ●「外国ルーツ」という呼び方との出会い

海老原　私のこれまで接してきた子たちが、自分のことを「私、外国ルーツです」って言ってるの、聞いたこと、実はないんだよね。大人が外人外人言うから、「僕外人なんで」とか、「私ハーフ」とかって言うことはあっても、あまり「外国ルーツ」っていうのと「自分は移民なんで」って言う子って、いなかったよなと思っていて。「外国ルーツ」って言われることに対しては、どう感じたりしますか。いつ「外国ルーツ」って、みんな初めて聞いた？

サブリナ　私は、大学3年の時に、下級生の授業を受けて初めて、「外国ルーツ」や「外国につながる子ども」など（という言葉）を聞きました。人によるんですが、私の場合外国につながりはあるけど、日本にもルーツはあるので、何かいつも不思議な感じでいました。

優子　私もサブリナと一緒で、大学3年生の時に取った国際教育論という授業で初めて、そういうふうに学術書では私たちのことが書かれるのか、私たち、外国にルーツを持つ人なんだ、という感じでした。確かにどの用語を切り取っても、日本にルーツもあるし、つながりもある子どもの場合、それにはまるような言葉がないなっていうのがあります。

海老原　マリアンは？　どうだった？

マリアン　カタリバのインターンの時に、新しく事業ができるというメールを見たのが、初めてです。

海老原　みんな日常的にはそんなに接してこなくて、この分野に関わって、ある程度大きくなってから、そういう言葉があるんだという感じだったのかな。逆に、ちょっとこの呼び方はないな、みたいなのってあった？

サブリナ　私は前も言ったんですが、「雑種」って言われた時は……さすがに嫌でした。
　でも、他にはあまり。結局は本人がどれが居心地いいか、という感じなので。でも、初対面の人に、あまり「ルーツどこなの？」「ハーフなの？」とか、「外国人なの？」と私はあまり聞かないので、分からないですけど。でも、自分のことを外国にルーツがある子なんですとか、外国につながりがある子なんですなどは、言ったことはないです。周りから言われるけど、自分から言ったことはないなって思いました。

マリアン　海外の人っていうのは、英語で訳すと、foreignerというような感じなんですが、「外人」って私にとってoutsiderというふうに英語で訳すと聞こえて、言葉の威力というのが強くて。外部の人というようなレッテルだったので、私は「外人」は好きじゃないです。親は確かに外国の人なんですが、移住しているので、本当にそれは「外人」なのかって言うと、アウトサイダーではないと思います。私の両親はブルーカラーで、工場などで働いていて周りの日本の方々は、そんなにいっぱい教育を受けた人が多くいない

ので、そういう言葉を聞いて、私が悩んでいるのを聞くと、「あなたは日本にいるから、外（そと）という感じで、外（がい）というふうに言われるけどまた違う国に行ったら、そう言った人が外になって、あなたはどこかの中になるでしょ」と教わって、私を多分落ち着かせようとしたのだと思うんですが、そういうのを聞くと、どのように見るかによって、言葉ってすごい変わるんだなというのは思ったことです。「ハーフ」に関しても同じで、「ハーフ」って聞かれた時は聞いた人が日本の方だから、私の半分の日本人性だけを見て、私の他のアイデンティティは相手とは同じではなくて受け入れられていないと感じることがあります。聞き手からの視点の言葉「ハーフ」ではなくて、日本に住む多様なバックグラウンドの当事者からの視点の言葉が重要だと思います。

海老原　そうか、「ハーフ」。人によって、みんなそれぞれ違うじゃない。日本にいる年数とか、行ったり来たりとか。だから、いろいろあるんだなと思いながら、今皆さんの話聞いてて思ったんですけど、なんかプラギャンからもありますか。

プラギャン　僕もマリアンと一緒で、「外人」は「外人」でいいんです。「外人さん」って付けられると、ちょっとうーんってなる。なぜか分かんないんですが。

海老原　どういうシチュエーションで「外人さん」？

プラギャン　コンビニで働いていると、よくおばあちゃん、おじいちゃんとかがやさしいんですが、「外人さん？」って聞いてくるんです。「はい、外人さんです」って答えるんですが、「外人」って言われると、外の人みたいになってというぐらいです。

徳永　やっぱり「外国ルーツ」とか、「海外ルーツ」とか、いろんな言葉って、周りの大人ですよね。支援者とか研究者が、本当にたくさんつくっているんだなっていうのを、あらためて感じました。多分、本人たちは自分を

「海外ルーツ」とか「外国ルーツ」と呼ばないというところで、すごいギャップがあるなって思っていて。でも、あえて自分を、私は「移民」ですとか、私は「外国ルーツ」ですって呼ぶ必要もないかもしれないし、そういうふうにくくってしまうことによって、きっと皆さん、いろんなアイデンティティがあるのに、自分で自分をその枠にはめようとしてしまうっていうのもあるのかなって思ったんですが。

4 ● 「移民」という呼び方について

徳永　「移民」という言葉について、ぜひ皆さんのご意見を聞きたいと思いました。というのも、私がアメリカで会った中国ルーツの子とか、結構自分のことを移民だと言っていて、自分が移民であることに、すごい誇りを持っているように感じました。"I'm so proud to be an immigrant" とよく言っていて、そのニュアンスって、日本と違うと思うので、そのあたりもぜひ聞いてみたいです。

海老原　ありがとうございます。特に支援者とかNPOの人たちにも、移民政策が必要だとか、「移民」と呼ぶべきだというところがあったりする風潮も出てきていて、そんななかで、「移民」という言葉に対しては、皆さんはどんな印象を持ってますか。

サブリナ　私、結構自分のこと、移民だと思っています。ただ、日本だと「移民」って言葉は使わないし、「移民」という表現を全然受け入れないので、「外国人」って言われると思うのですが、日本からブラジルに移住したおじいちゃんおばあちゃんとか、ペルーに移住したおじいちゃんおばあちゃんは、向こうでいう移民なので、日本の移民。私はそこから日本にまた来て、移民だなって思っていたんですが、「移民」という言い方はしないので普段は言わないという感じです。私、結構生まれた国と国籍と自分の見た目というのが全部バラバラだったことに悩んでいたんですが、ペルー人だしブラジル人だし、日本人ってずっと言っていて、どれ一つを取っても私じゃなくなっちゃうんです。なので、全部かなって、いつも思っているんですが、

結構、本当は自分のこと移民なのかなと思っていました。

マリアン　サブちゃんに、すごく同意で、私も「移民」っていう漢字よりも、英語の、immigrant というのに、初めて会った時に、「これだ」というふうに納得したのは、すごく覚えています。パキスタンにいる時に、パキスタンのお友達がよくアメリカとかイギリスに行っちゃったりして、その時、immigrant の申請をするんだ、ということを聞いて、それで調べた時にそういうことかと初めて理解して。私の場合は、お父さんとお母さんがそういう人たちなんだと思った。アメリカでいうと、Chinese American のような人なのかなと思っていました。移民っていうよりも、American だけど、Chinese であるというような定義かなと思っていました。

海老原　そうか。そうだったのね。そこらへんはどう？　プラギャンと優子は。

プラギャン　日本で「移民」って言葉が、あまり使われてないのであれば、新しい印象を受けるチャンスでもあるのかなと思ってて、「移民の若者」っていうふうに呼ぶことで、「外国人」と「外人」とか、「ハーフ」や「ミックス」とかじゃなくて、また別の印象。これからまた皆と仲良くしていくんだよ、みたいな感じの印象をつけられれば、かなりいい言葉なのかなと思うんですけど。

海老原　なるほど。そうか。だから、言葉の定義というか、印象を新しく、確かにつくってもいいわけだもんね。新しい言葉に変わっていくしね。

プラギャン　つくってあと、使わないと元も子もないと思うんで、どうやって広めていくかっていうのは。

角田　「移民」という言葉も、ちょっと硬いところがあるかもしれません。渡っていく人たちという言葉には、多様な内容が含まれていて、言葉で表現できないようなところもあるのでしょうか。

海老原　どうですかね。なんか、硬いかな。

サブリナ　硬いと言われたら、確かに硬いなと思います、正直言って。

5 ●「私のなかで落ち着く表現を見つけた」
　　── 自分で選択できる呼び方

角田　私は以前、学校の講演会で、在日コリアンで初めて日本で弁護士になった講師のお話をお聞きしました。お話のなかで、自分の母国に行ったところ日本人だと言われ、日本に帰ってくると外国人だと言われたとありました。講師の方は、ご自身を韓国人でも日本人でもなくて、在日コリアンなんだということをおっしゃっていました。どちらかの国の人であるというように誰かが決めることはできないのだと学びました。

　また、難しいのは、日本人と日本国民、アメリカ人とアメリカ国民との違いについてです。日系アメリカ人という言葉は使われますが、「日系アメリカ国民」とは言わないですね。

　ところで、私が衝撃を受けた生徒がいます。タイにルーツのある生徒です。その生徒は自分史について作文を書いたのですが、そのなかに「私はたくさん数えきれない差別を受けてきましたが、一度も自分が外国人として生まれたことに後悔をしていません。むしろ両親にありがとうと伝えたいです。両親が日本に来て日本で私を産んでくれたおかげでいろいろなこともあったけれど、勉強にもなったし、強くなれました。これから日本で楽しく人生を送りたいと思います」とありました。外国人であることに誇りを持ち、親に感謝をしたい、そして日本で生きていくのだと。この生徒の考えを皆さんに伺いたいです。

マリアン　角田先生の質問で言うと、私の両親はすごく自分の国に対しての愛が強くて、「パキスタン人です」「ペルー人です」と言い切れるのが、すごくうらやましかったんですね。どういう国の状態でも両親が胸を張って言っていたので。そう考えると私が何人であるとか、「外国人」って言われて気にしてることに対して、「そうだよ。私はあなたと違う国で、そこの国で

育って、その国の文化が好きです」というのを誇りに思ってる人たちもいるんだなと強く思っていたんですが、私にとっては多分コンプレックスだったんです。私は日本人になれなかった日本人という気持ちがあったので、そういう気持ちやバックグラウンド、経験がある人にとっては、「外人」と言われると嫌だなって思うようになったので。生徒と話している時は、今まで何となく聞いてみたりとか、どう言われたいのかとか、自分をどう表現してるのかをよく見るようにしていました。

海老原　そうか。授業で同じような外国ルーツの子を見る時にってことだよね。

サブリナ　角田先生の話を聞いて、私も以前までは外見で日本人とジャッジされることが多く、日本語が話せず、日本の文化も分からず、苦労したので日本人に見られたい時期がありました。自分自身の国籍と生まれた場所と見た目の違いに戸惑っていたんです。今は自分が外国人だからマイナスに思うことは基本的になくて、社会的な権利ではいろんなマイナス面もあるんですが、自分のアイデンティティだったり、考え方だったり、精神面でいうとあまりネガティブに思うことはないです。ただ、本当に違う国で生まれてたまたま違う国の国籍で、取ろうと思えば日本の国籍も取れるけど、ただ取っていないだけで、今日本にたまたま住んでるという感じのスタンスで、生きてるので。今はそれが「外国人」って言われるから、「外国人」なんだなって思っています。

海老原　なるほど。ありがとう。

優子　今のサブリナの話を受けて、私は台北の日本人学校にいたんですけれど、生徒の7割が駐在員の方、あるいは台湾に移住してきた日本人家庭の子どもで、残りの3割は、たいがい父親か母親のどちらかが日本の人で、もう片方が台湾の人っていう、いわゆる「ハーフ」って呼ばれる子どもたちだったんですね。どうしても私は3割のマイノリティの方になっちゃうので、マジョリティからの承認を得たくて私は日本人であるっていうのを、一生懸命

証明したがっていたし、台湾人を感じさせる要素が一つでもあれば、もうもみ消すぐらいの、すごく自分のバックグラウンドに自信が持てなくて。日本人学校だと、日本の学校文化になじみを持つことを求められるので、保護者に対してもそういう役割を担えって。私の母親は、日本の教育のことは本当に私が言わなきゃ分かってくれることがなかったので。

　ただ、そういった複雑な子ども時代を過ごして、現地校に行ったんですが、台湾の現地校では、逆に「日本人」って呼ばれて、私は生まれも育ちも台湾で、話す時も現地の言葉、中国語と台湾語で見るテレビも、あなたたちと一緒なのに、それでも外人扱いするのって。何回かコミュニケーションを取ったんですが、それでも「いや、日本人でしょ。だって、名前が日本人だもん」というような感じで、常にいる環境のマジョリティで定義される、というような、すごい押しつけられる感覚の方が強くて。結果、大学で、比較文化学類という、結構幅広く文化をいろんな切り口から見ようというような趣旨の学問なんですが、そこでの勉強だったり、周りの友人との話し合いから、「私は台湾と日本（を掛け合わせた）のハイブリッド※だけど、何？」というような私のなかで落ち着く表現を見つけました。別にそれだったら「外国人」「外国にルーツがある」「外国につながりがある」「ミックス」だと言われても、もうちょっと、昔は嫌だったけど、今はすごくうれしくなるような。10年前の自分とはまた違うような感覚で、その呼び方について、思っているところがあります。

　　※ここで指すハイブリッドというのは「雑種」「混血」「混成物」などを指すのではなく、ハイブリッドカーのように二つの違う種類のエンジン〈自身の二つのルーツ・背景を強みに変えた〉を持ったような「複合」的な意味合いで使っている。

海老原　確かに、変わっていくものもあるよね。10年前と、その成長にもよって。

6 ●「ハイブリッド」「多文化間」「ミックス」
──新しい呼び方の可能性

海老原　私が活動してて、常々、メリット・デメリットがあるんだけど、言

語化すると、課題だったり可能性が可視化されるなっていうのは思ったんです。ネガティブなイメージとかも伴ってしまうけど、例えば子どもの貧困について、「日本では7人に1人の子どもが貧困状態です」って言った時に、相対的貧困というような言葉が出てきて、それが「いわゆる発展途上国とかの貧困のイメージじゃなくて、日本の国内にも貧困があるんだよ」って言葉になることで課題が可視化されて、解決につながっていくってこともあると思うのね。

　逆に、例えば「外国ルーツの若者」とか、「日本語指導が必要な子」っていうのは、裏を返すと、「多言語ができる子どもたちなんです」っていう説明を私は生徒にしてるの。フィリピンとかネパールの子って、英語で教育を受けている子は英語ができるし、中国の子は、中国語ができるわけじゃない？　だから、英語ができて中国語ができる人材は、ある意味これからの発掘人材で、グローバル人材になり得る可能性を持っているんです。日本に足りないでしょっていうので、ちょっと嫌らしいけど、相手の欲しいところに合わせて言葉をつくっていったりしてね。そういうところを考えた時に、もしかしたら逆に言葉を決めるのではなく、いくつかあって、選べるというような、その選択肢をつくるっていうのもあるのかもしれない。逆に、なんとなく包括するような言葉が考えられるのであれば、そういう言葉もあるのかもしれないなと思うんだけど。それが「日本社会の一員としての移民の若者」でいいのか、それこそ、なんかいくつかオプションがあるようなかたちがいいのか。

優子　私が、以前研究の一環で読んだ「ルーツからルートへ」[1]という論文があって、そのルートっていう表現にすごく強く引かれて、「どこから来たの？」って言う人も、もちろんいいんですが、ルーツのことを多分聞きたいんだなって、瞬時にこっちは悟ると思うんです。例えば、美容院に行って、絶対美容師さんに「地元どこなんですか」って聞かれるんですけど、こっちに地元はないんで、「台北ですね」と言うと「え？　台湾の人ですか。全然分かんなかった」というような、あ、もう1回始まっちゃったと思って、

---

(1)　渋谷真樹（2013）「ルーツからルートへ──ニューカマーの子どもたちの今」『異文化間教育』37号、1–14.

ちょっと面倒くさいなって思ったんですが、ルートという表現の方がそうい
うルートで来たんだっていうその人のバックグラウンドにまつわるストー
リーにフォーカスが当たるような気がして、私はすごく心地が良いなと思い
ました。「ハイブリッド」って言った人もいて、私の場合は台湾の現地校に
も通ったこともあって、台湾と日本の社会を熟知しているっていうアイデン
ティティなので。ダブルがレベル50ぐらいだとすると、ハイブリッドって、
なんか、レベル100ぐらいなんじゃないかな、というような気がするので、
その二つはすごく、居心地が良いなと思っています。

サブリナ　私は、国や国籍で自分を紹介することが結構難しくて、確かにペ
ルーで生まれたので、ペルー人なんですが、ペルーのなかでも文化は違っ
て、私はアマゾンの出身なので、ペルーのなかでも結構珍しいというか田舎
者なんです。アマゾンの人って、ペルー人からすると田舎者で、食べるもの
も違うし、大自然のなかで暮らしてたので、文明でいうと結構遅れてた感じ
の場所だったんです。自分のこと、ペルー人ってどうなんだろうという感じ
の時もあって、大学の自分の論文では、「多文化間で育った子ども」って書
いたんです。それが、自分のなかでは、その時しっくりきたというのがあっ
て、生まれた国とか国籍じゃなくて、文化とか環境が一番影響するのかなっ
て、そういう言い方もありなのかなと思っています。

サブリナ　桜美林大学の畑山学長がTwitterでツイートしてた内容なんです
が、「多様な」だと見る側の主観で相違を定めてる感じがして、「雑多」だ
と個々がありのままの姿で存在するという感じがして、雑多が自然に共存
する大学がいいと書かれていて、その文章を見て私はとても考えさせられま
した。その時、雑多って言葉をいい意味で楽でいいなって思いました。移民
になるぞって、移民として意識を持ってきた人もなかなかいないと思うんで
す。多分、私とか親に連れてこられた子は、知らずと移民になっていたとい
うような感じだと思うので、そんなに意識していない気がするんです。私
たちは日本に今生きてる若者、日本人の子と変わらないし、ただ単に国籍と
か、見た目が違ったりっていうだけで、それだけのことなので。ただ、それ
を表す言葉をつくるってなると、移民なのかなってなるんですが、何かうま

く新しい言葉ができたらいいなとは正直思います。

海老原　ありがとう。とても大事。

マリアン　私のおじいちゃんが日系ペルー人なんですね。なんで私には日系が付かないんだろうというのを小さい時に思って、おじいちゃんは日本からペルーに移住して、そこでペルーの方と結婚して、子孫を残していったんですが、私は日系ではなくハーフというのはなんかよく分からない、なんでだろうと思ったんです。旧、新というふうに付ければ、いいんですかね。「新日本」というように。すごく強そうなんですが。「移民」ワードは国際的に使われていて、グローバルでさまざまな人々含めているワードなんですが、日本で暮らしている人々感があまりないのではないかと思います。日本に長くいる人々や日本と強い関係がある人々、日系一世、二世など、移民ではあるが日本との関係性はさまざまあり、細分化されると思います。なので、「移民」ワードだけでなく、移民二世、ペルー系移民、日系移民など、それに合った言葉を添えることで、日本とのつながりがもっと感じられるのではないかと思いました。

　あともう一つ疑問に思ったのが、スペインに行った時に、周りに結構移民の子が多くて。でも、その子たちは、「私移民です」みたいなふうには言っていなくて。ほとんど私が会った子は、二世、一世だったんですが、「私はスペイン人です」ってはっきり主張したんです。でも、私のお母さんがブラジルとか、私のお母さんがコロンビア、「ただ」「but」という感じに伝えていて、それはただ親がそっちだったけど、私はスペイン人だよ、というふうに言っていたので、それは社会が彼らをスペイン人として受け入れる姿勢や、国籍を提供したことがあり、今の法律上日本では無理となると、どうしたらできるんだろう、人々の認識をどのように活かして、変化していったりだとか、できることなのかなっていうのがありました。

海老原　そうですね。ハイブリッドとか多文化間とか、それこそ、雑多に生きるとか、いろいろ出てきたなかで、正解がこうあるわけではないものだとは思うんです。

7 ●「自分も含まれると思える言葉」
──子どもたちが生きやすいインクルーシブな未来へ

海老原　「外国ルーツ」と呼ばれる子たちが増えていくなかで、呼び方も含め、環境とかをつくってあげるとより健やかにその子が落ち着いて、安心して育てられるのかとか、これからの日本で、どんな多文化共生の未来をつくっていきたいか、こういう呼び方や接し方ができるといいかなとかってあったりしますか。私は、当事者ではないところもあるので、迷いながら戸惑いながら接しているものの、その子が選ぶものかなとは思ってはいました。みんなの方からは、こういう呼び方とか、こういうスタンスがあるんじゃないかとかありますか。

プラギャン　僕的には、子どもたちをどう呼ぶかについて、議論した方がいいのかなってちょっと思ってて。みんな変わっているじゃないですか考え方が。今はあまり気にしてないよって。それはだって子どもの時は、混乱が多少あったはずでその混乱があることはもう分かってるので、混乱はなるべく抑えようと、何かうまいことができないかなっていう感じですね。解決策は分からないんですが。

優子　自分を客観視して面白いのは、私もだんだん戸惑ってきて、ちょっと、アイデンティティ・クライシスのようなものが起きていたりするんです。日本社会の一員としての移民というふうに、はっきり定義してくれたらいいなと思います。あまりにも日常生活のなかや、勉強しているなかで日本人と外国人という二項対立の構図が、本当にすごく強固で、なかなかその枠が突破できないんだなというふうに、大学院で周りの同級生ともディスカッションして思ったりとか。私たちは確かに外国につながりがあるし、いわゆる国際間で生きる子どもというか、越境している子どもだったら、いろんな呼び方があると思うんですが、日本の大学に入って、日本の大学生や日本で生まれ育った日本の人と話すと、うらやましいと言われることが多くて。
　「ハーフって、やっぱりすごいわ」って言われるとすごく違和感があって。というのも、「多様性は私たちだけじゃなくってあなたたちのなかにもある

でしょ」っていうふうに、私は言いたくなるんです。例えば、今の時代でしたら、ちょっと音楽のサブスクサービスを利用するだけで韓国やどこの国の音楽も聞けるし、見るドラマも、日本のドラマだけじゃない。そういうふうに日本で生まれ育った人のなかにも多様性があるのに、ずっとこっちだけ多様性があるみたいに、「本当に帰国子女すごいね、中国語も話せるし、英語も話せるし」というような線を引かれるのがすごく嫌なんです、同じなのに。同じに、みんな日本の社会に生きてる人たちなのに。「移民の若者」っていう呼び方はすごくしっくりきますし、日本土着のものと外来、外から来たものっていう、二項対立がなくなるために、私も学問という切り口ですけど、どうにかできないかなっていう模索の日々です。

サブリナ　カタリバで外国ルーツの高校生の支援で個人的に気をつけてるのは、その子がどこにアイデンティティを感じているかです。私自身、5か国にルーツはあるんですけど、自分のことをイタリア人とかポルトガル人と思ったことがないので。私の弟は、ブラジル国籍なんですが日本で生まれて、ずっと日本なので、自分のことを日本人だと思っているんです。日本の文化しか知らないし、日本でしかほとんど生きたことがない人なので、「ブラジル人でしょ」って言っても納得しないというか、国籍上はブラジル人かもしれないですが、その子が自分のどこに一番アイデンティティを持っているかで変わるのかなと思っています。生まれた場所や国籍がある国だからって必ずしもその子がその国にアイデンティティを持つわけではなくて、育った場所が、すごく影響するのかなと思っているので、ルーツっていうよりもアイデンティティの方に、注目するべきなのかなといつも思っています。「フィリピンにルーツはあるけど、ずっと日本だから、日本人だと思ってる」って言っている子がいるんですが、それはそうだよね、日本のことしか知らないしって。その子からしたらたまたまフィリピンで生まれたとか、お母さんがフィリピン人でも、フィリピンは自分にとって全然知らない国っていう子はいるので、そういう子に対しては日本人の子と接しているっていうより、普通にどの子と接していても無理にルーツとかそういうふうには言わないようにしています。

海老原　ありがとうございます。それはすごく大事な接し方だと思います。どうしても大人と子どもが接していると、力関係が出てきてしまうからそういうふうに押しつけてしまいがちになるけど、それは接する側が、意識的になるのもあると思うし、逆に何となく多文化共生の業界というか、支援の人のなかで、どこまで意識的になっているのかなと思いながら今話を聞いていたんですが。

角田　日本社会ではまず日本語の壁があります。同時に国籍と在留資格による制限など避けることができない問題があります。また学校では生徒のアイデンティティを尊重することを大事にしていく教育に取り組むことが求められていますが、日本社会には差別や偏見を持つ人もいます。このような背景のなかで、どのような言葉で、高校で生徒たちを呼べばよいのか、とても悩みます。「日本語を母語としない生徒」「日本語指導が必要な生徒」「外国につながる生徒」などの呼び方でよいのだろうか、悩みますがいかがでしょうか。

プラギャン　どの言葉を使うのが良いか。多文化共生の未来というところでは、その言葉を選んだだけで良くなるかって言われたら、また別の話かなとは思っていて。先生がおっしゃっていた通り、差別とかもあったりしますし、制度的な問題も結構、移民政策とかがないので、自分でいうと奨学金の話とかだったりして大きいので、そういうところから改善してくれようとしている、頑張ってらっしゃるところはいっぱいあるんですけど、まだまだ支援が足りないのかなって思ってます。

マリアン　私のなかの移民の若者というのに関しては、在留カードがあるんですが、そこには「移民」とは書かれてなくて、「永住者」としか書かれてなくて、こういう公的なペーパーワークでは、絶対「移民」という文字を見たことがないので、英語の単語としては意味があるけど、日本の移民というのは、存在しないんじゃないかと私は思っていました。でも、日本の今の社会にない移民っていうワードを使うことで、プレッシャーライズされているとか、自分がフィットしない、今あるハーフとかミックス、ダブルとか、表

現されているもので、自分が含まれてないと思っている人たちも、その新しいワードに含まれるって思えるような定義の仕方や、伝え方をすれば、言語って生きているものなので、変化していくんじゃないかなと。すごくポジティブに、今のワードを捉えています。

　私が日本の大学で授業を受けている時、外見が外国人であるから留学生だと思われることがよくあったんですね。教授が私だけに英語で話しかけてきたり、英訳をわざわざ書いてくれたり。悪気がないことは分かっているんですけど……。外見が理由でどう頑張っても日本の人として見てもらえないんだなぁと思い少し悲しい気持ちになりました。

　私は今後、日本の社会では、そういう外見的にはエイジアン、ジャパニーズじゃないけれど、ダークな肌の色や大きい目のかたちをしているけど、日本人のアイデンティティを持っているかもしれない、国籍があるかもしれないと考えられて、外見だけで判断しないことが増えて、それが当たり前になったら、素敵な未来になって、暮らしやすいだろうなと思います。

海老原　ありがとう。そうですね。そこがどんどん変わっていってほしいし、子どもと接する大人から、そういうところを、意識的に変えていくものがあるといいのにね。

＊2021年8月16日オンライン収録

第Ⅱ部 学校外編

インターンシップとアクションリサーチによるエンパワメント

第4章

外国ルーツの若者を育てるインターンシップ・プログラム

海老原周子

1 ● 若者たちの可能性を伸ばす

　2009年から活動を始めたアートプロジェクトや、定時制高校でのキャリア教育や放課後の居場所づくりに関わるなかで、外国ルーツの高校生や若者たちが成長していく様子を見てきた。意欲を持っていながらも、置かれている環境の難しさなどから、なかなか、その可能性を伸ばす機会がないことを感じてきた。もっと学びの場がつくれないものだろうか、そう考えるようになったのは、次に挙げる、外国ルーツの若者たちが語った言葉からだった。

　　「大学に受かったけれど、入学金を払えなくて。進学は諦めてアルバイトでお金をためます」
　　「高校、やめました。友達もできないし授業もつまらないし、だったら働こうと思って」
　　「大学に行きたいです。もっと勉強したいし、良い仕事に就くためにも大事だから。でも大学進学のために必要となる日本語を学ぶ場がありません」

　また、2015年から携わってきた定時制高校での居場所づくりにおいては、部活動内のプログラムで、多言語での交流や多文化紹介などを通じて、積極的に自らの言語や文化の力を伸ばすような取り組みを行ってきた。そこで

118

も、学校外での居場所づくりの必要性を感じていた。部活動で成長し、活躍していく高校生を目の当たりにするなかで、彼らから「もっといろんな体験や学ぶことができる場はないか？」という声を聞くこともあり、私自身も、単に知識や情報を伝えるだけではなく、自らの手で、自分の進路を切り開いていけるようなライフスキルを身に付け、彼らがより多くの人と出会い、さまざまな体験をしながら、自らの可能性を伸ばしていけるような、そんな機会をつくれないだろうかと考えるようになった。学校での授業や部活動では、どうしても時間的な制約もあって、ライフスキルを身に付けるための実践型の学びを教える場としては、なかなか難しくもあった。そんななか、学校の先生からも「いったん、学校の外に出てしまうと何もしてあげられない」という声を聞くこともあり、NPOであれば学外での活動で、中退者を含めた学校に属さない人のための場所や機会づくりが可能になるかもしれないと思った。学校外で学校教員が生徒とつながるのは難しいかもしれないけれど、NPOが支援を実施し、学校と連携することで、学校内外で若者をサポートできるような、より包括的なかたちで外国ルーツの高校生をサポートし、その可能性を伸ばす機会をつくれないだろうか。

　このような背景から、外国ルーツの若者が日本で暮らしていくためのライフスキルを身に付け、彼らの可能性を伸ばす機会を創出できればと、高校生をはじめとする10代、20代の若者を対象にインターンシップ・プログラムを立ち上げることにした。

　本章では、一般社団法人kuriyaが実施してきたインターンシップ・プログラムの内容とその効果を報告する。

2 ● インターンシップ・プログラムの立ち上げ

(1) 居場所と役割——実践的な学びの場をつくる

　インターンシップ・プログラムの実現に向けては、海外の事例を参考にした。例えば筆者が以前、欧州への視察で訪ねたイタリア北部のレッジョ・エミリア市では、移民をはじめとする地域の若者たちが、自らが担い手として関わり、映像や写真などの表現活動も交えながら、地域の情報を収集し、発信していくといった活動を地域のさまざまな団体と連携しながら実施してい

た。それは、学校外の居場所にもなっており、同時に、活動する若者たちに役割があることで、自分の役割を果たすという達成感や成功体験につながっていた。

　そこからヒントを得て、このインターンシップ・プログラムでは、日本人も外国ルーツの若者も共に参加できる活動であること、そして若者たちに役割を提供することで担い手となってもらうことを考えた。それぞれの多様性を強みとして活かせるような活動の場にしていくことを、大きな目標として設定した。

　また、高校を中退せざるを得なくなった若者や、卒業後に大学への進学を諦めた若者、母国で高校を卒業してから親と一緒に暮らすために来日した若者も一定数いる。そうした若者にとって学ぶ場所がないことも懸念していた。若者たちの多くは、経済的にも家庭的にも厳しい環境に置かれている。日本語などの勉強が大事である一方、現実の社会で直面する困難に対してどうやって乗り越えていくのか、困った時にどこへ、どういう相談をすればいいのか、どんな情報を集めて課題に取り組むべきなのかといったようなライフスキルを身に付ける必要がある。高校生や高校中退者、高卒で来日した20代の若者を対象にしている背景には、そうした現状があった。

　もう一つ課題があった。高校生や若者を取り巻く環境を見ると、必ずしも社会的経済的に恵まれているとは言いづらい状況にある。多くの若者にとってアルバイトは単なるお小遣い稼ぎではなく、学費のため、親に生活費を入れるための生活の糧となっている。毎日、学校とアルバイトを往復しているような状況で、いろいろな学びの機会に挑戦したいと思ってもそんな余裕すらない。進学にも仕事にも困っている高校生たちの状況を拾うことができない。それはkuriyaを立ち上げる以前のアートワークショップ事業でも感じていた限界だった。

　そこで、多くの若者がアルバイトで自らの生活費を稼いだり、親の生計を助けたりしなければならない状況にあることを踏まえて、活動に参加してアルバイトの時間が削られてしまう分は奨学金のような「活動支援補助金」として補塡できる仕組みづくりを考えた。

　インターン生として活動しながら学ぶことができる仕組みをつくるにあたり、欧米で既に行われていた学校外プログラムも参考になった。経済的に

困難な状況にある若者への社会教育として、働きながら学べるプログラムは「out of school youth」や「youth at-risk」とも呼ばれている。活動支援などの補助制度を設け、具体的な業務内容を与えてフォローアップする仕組みについて、大学教授などからアドバイスを受け、その枠組を参考にさせてもらった。

(2)「実践型インターンシップ」のプログラムをつくる

　これまで実施してきたアートプロジェクトや放課後部活動での反省点を踏まえた上で、高校生の生活を考えながら生きた学びの場を得られる仕組みを試行錯誤した結果、まず高校生インターンという制度を採用することにした。活動支援金を併せて提供することで、アルバイトと学校の往復という生活を送りながらも機会が欲しいと願う高校生たちに、新しい場所や異なる価値観へアクセスするための機会をつくる試みだ。

　インターンシップ・プログラムでは、他団体とも連携しながら、いくつかのプロジェクトを実施した。ワークショップ運営や、高校生や若者が参加するプログラムづくりなどを、インターン生が、企画運営から担当し、プロジェクト型の学びのなかでさまざまなスキルを身に付けていく内容になっている。3〜4カ月を1タームとして週1回参加できる仕組みとし、実践型イ

図4-1 「実践型インターンシップ」プログラムの流れ

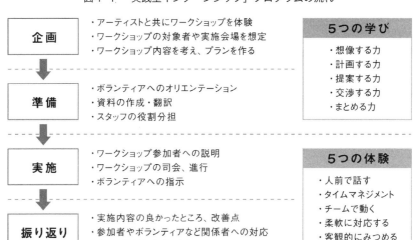

美術館でのワークショップ

ンターンシップにおける大まかな流れは次のようになっている。

インターン生たちは「企画→準備→実施→振り返り」という一連のサイクルを通し、人前で話すことやタイムマネジメント、チームでの動き、柔軟な対応、客観的に見ることを体験していく。自分の役割がどこまで達成できたか、チームとしての目標は達成できたかを振り返るところまで、一連の体験によって想像する力・計画する力・提案する力・交渉する力・まとめる力を身に付けられるようになっている。

例えば、美術館でのワークショップを提供するというプロジェクトでは、実際に、当団体が実施するプロジェクトの運営やリサーチに関わりながら、スキルを身に付けてもらう。学生の交流を目標としてターゲットや人数などの具体的な枠組みを設定し、企画会議にはブレインストーミングの段階から参加してもらっていた。

マレーシアの芸術家と共に多様性理解のワークショップを開発し、東京都美術館で行われたTURNフェスという展覧会で、プログラム提供なども実施している。この時のインターンシップ・プログラムでは、広報やアウトリーチ活動を考えるなどの実践的な取り組みも行った。

3●インターンシップ・プログラムの実践

（1）多文化ワークショップでのインターンシップ・プログラム

　kuriyaが実施する「実践型インターンシップ」は、人とのつながりや経験を通じてライフスキルを提供し、若者の可能性を伸ばす機会をつくろうと2017年からスタートした。高校生をはじめ、高校を中退せざるを得なくなった若者や高卒で来日した若者が当団体のインターンとしてプロジェクトに携わっている。

　初めに展開したプログラムの一つが、海外とのネットワークを活用してそれぞれの都市と東京都とを結ぶ、写真を通じた国際交流プロジェクトである。東京、イタリアのレッジョ・エミリア、イギリスのルイシャムの3都市に住む若者が「5つの写真で綴る『私』の肖像」というテーマで、自分の物語や多様性の問題について5枚の写真を撮影し表現を試みるという活動を行った。これらの交流はSNS上で行われ、若者たちに企画から運営まで参加してもらい、写真を通じて、社会に対して自らの声を発信することの価値を体験してもらった。また、若者たちの写真は新宿区の大久保図書館でも展示された。

　写真というツールからヒントを得て、次に実施したのが、マレーシア出身のアーティスト、オクイ・ララ（Okui Lala）さんとユーススタッフとが共に開発した「多様性を発見する多文化ルービックキューブツアー」だ（⇒コラム4）。この「多文化ルービックキューブツアー」では、東京における外国籍住民の生活や多文化コミュニティのリサーチを、ユーススタッフである若者たちとアーティストとが共に進めていきながら、ワークショップの企画開発をしていった。実施した東京の新宿は多様なバックグラウンドを持つ人たちが多く行き交う。特に多文化コミュニティや外国ルーツの人々が多く働く職場（飲食店等）が集まる新大久保の街を歩きながら、若者たちが「多文化共生」をテーマに写真を撮影・収集する。撮影した写真の中から、六つの文化を選び、撮影した写真をそれぞれの文化ごとに並べ、新宿の街を反映したルービックキューブを作る。多様な文化的背景を持つ若者たちのグループワークを通して、異なる文化に対する新しい視点や発見をシェアするという内容だ。カメラを手に、思い思いの写真を撮りながら、街の文化の多様性に

新大久保の街の多様性を写真に撮った

触れるアクティビティとなった。

　2017年の春に行われたこのプロジェクトでは、新大久保の街で撮った写真と、ツアーで作成したルービックキューブとを大久保図書館にて展示した。自分たちで企画・制作・展示作業の一連のプロジェクト運営を行ったユーススタッフの感想には、次のようなものがあった。

　　　「写真の対象を探して、普段は見ないような細かいところまで街を観
　　　察することができた」
　　　「日本人が撮影したコーヒーのロゴや電話ボックスなど、外国人から
　　　は、一見それが日本の文化とは分からないものが多くて驚いた」
　　　「"文化"というとネパール、ベトナム、韓国などの"国"と結びつけて
　　　いたが、"沖縄"や"ハラル"などの意見もあり、文化には国だけではな
　　　いさまざまな枠組みがあると思った」

　グループワークだからこそその発見もあったようだ。参加メンバーが多様だったからこそ、その写真が本当にその国を表すものなのか、確認することができ、街の知らない側面を知ることができる。参加者はアクティビティを通して、自らが多様な文化背景を持つことについて、大きな強みを感じるこ

ルービックキューブツアーのワークショップの様子

とができたようだ。

　これらの大久保という小さな地域での活動を踏まえて、その次の2018年には「多文化ルービックキューブツアー」を東京都美術館のTURNフェスで開催した。

　「ひとりひとり異なる日常が出会うことで生まれる"違い"を知り、それを楽しむ場を創造する」をコンセプトに東京都美術館で開催された展覧会である。このTURNフェスでは、インターンとして参加したネパールやフィリピン出身の高校生・若者が中心となり、一般参加者の方と一緒に、同展に集う人々の多文化・多様性を考えるワークショップをツアー形式で実施した。TURNフェスを巡りながら、「食」「ファッション」「宗教」「ダンス」「国」など、さまざまな文化を写真に撮影していく。そこから6枚を選んで印刷し、ルービックキューブを作りながら、異なる文化に対する新しい視点や発見をシェアするグループワークを行った。

　「文化」について考え、そして、美術館の中にある多様な文化を見つけるというものだ。「文化」というと例えば、フィリピン、中国、日本といった国の文化もあるが、「食」や「お茶」「若者」などの文化もあるという声が参加者から上がったりするなど、展覧会を回りながら、さまざまな文化を見つけていく。

　ルービックキューブを作成するグループワークでは、撮った写真を共有して、どんな文化があったか、何が面白かったかなど六つの写真・文化をグループごとに選び、選んだ写真をシールに印刷して、そこからルービックキューブを作った。日本のお寺の版画にネパールの寺院のイメージを重ねたり、参加者やユースの顔を並べて多様なバックグラウンドを表したり、それぞれのグループ独自の視点により、ユニークな作品がたくさん完成した。

　ルービックキューブツアーの参加者からは「こういったかたちで展示を巡り、多様性を考えたのは初めて。kuriyaのワークショップも新しい『文化』として新鮮に感じました」との感想が上がった。

　ルービックキューブツアーは、ユーススタッフが中心となり、企画開発から事前準備、当日の運営までを行った。なかでも中心となって活躍したユーススタッフの若者は、定時制高校に通い、中学生の時にフィリピンから来日したという背景を持つ。来日当時は、日本語がまったく分からなかったそうだが、持ち前の頑張りを発揮して、今では日本語・英語・タガログ語・ビザヤ語を話すことができる。今回のプログラムでは、事前準備のオリエンテーション担当として、他の高校生や若者のインターンに向けた資料を作成し、日本語と英語で説明を行うなどの業務をやり遂げてくれた。二つの国・文化で育った経験を活かして、日英の両方で司会進行を行うと同時に、来場者の方と展覧会を回りながら案内役も務めた。

(2) 高校生向けガイダンスを考えるインターンシップ・プログラム

　他団体と連携して実施したプロジェクトもあれば、自らの体験を活かし、どう社会に貢献できるか、という点を考える活動として、外国ルーツの高校生を対象にしたガイダンスづくりも行っている。

　当時、筆者は、学校を中退してしまった子から「もう一度学校に戻りたい」という話や、「大学に進学したいがお金がない」という金銭的な問題まで、キャリアや進路に関する相談を受けるようになっていた。その対応を検討するなかで、どういった専門学校や大学に進学すればいいか、高校生向けのキャリアの伴走支援について考え始めていた。そのような課題意識を共有し、「学校生活の過ごし方が分からない外国籍の高校生に対して、どのようなプロジェクトができるか」という課題設定のもと、インターン生の若者た

ちは、自ら外国人として日本で生活してきた体験を振り返りながら、課題を分析していった。学校で友達をつくれずに孤立しがちなことや、日本人の友達ができると日本語の能力も伸びていったという経験をはじめ、進路や就職に関する情報収集に苦労した経験などから、具体的な課題を明らかにしていった。これらの課題に対して、インターン生は自らの視点から外国ルーツの高校生向けガイダンスを考えていった。最終的にはその内容をまとめ、プレゼンテーションの場を設けた。インターンシップ・プログラムに参加した一人の若者からは「自分も外国人として苦労してきたから、これから新しく来日する外国人が苦労しないようにしたい」という発言があった。

　この事例は、社会の課題に対してインターン生自らがアクションできるように考えるためのものだった。最初に自らを知り、行動する、次のアクションとして社会に働きかけるという、2フェーズに分けて段階的に実施している。

　フェーズ1（図4-2）では、まず自分の強みを知り、自分の抱えている課題に対して小さな行動を起こすことを実際に体験していく（三つのアクティビティから成り立っている）。最初にライフマップを描き（これまでの人生で体験してきたことを図のようなかたちにする）、それを見ながらどんな時が大変だったか、どんな時がチャンスだったかを考える。それに対して自分の強みを活かし、どうやって乗り越えたかを、グループワークで考えていく。例えば来日して大変だったこと、分からなかった言葉、友達ができないというような悩みがいろいろ出てくるなか、どう乗り越えてきたかをあらためて振り返りながら自分の強みを認識していく。

　続いてのアクティビティは、自らの周りのリソースや資源に対して、意識的になるためのリソースマッピングというものだ。例えば困った時にどういう人に相談するのか、どんなふうに調べるか、そういったことを対話で繰り返しながらやっていく。最初はみんな親とか友達というところで止まってしまうが、そこから「例えば学校では？」「アルバイト先では？」「たまに行く市役所では？」「ネットだとどういうところを調べる？」というふうに、どんどん掘り下げていく。そうして、自分の周りに実は頼れる資源がこんなにあるんだ、ということに気づいていく。

　このようなフェーズを経てから、フェーズ2（図4-3）として実際に社会

図4-2　フェーズ1──自らを知る・行動する

Phase 1：自らを知る・行動する

┌─────────────────────────┐
│ 自らの強み・弱みを知る │
│ Life Mapping │
└─────────────────────────┘
　　　　　▼
┌─────────────────────────┐
│ 自らの持つリソースを知る │
│ Resource Mapping │
└─────────────────────────┘
　　　　　▼
┌─────────────────────────┐
│ 自らの課題について考える │
│ Action Planning │
└─────────────────────────┘
　　　　　▼
┌─────────────────────────┐
│ 強みやリソースを活かして │
│ 課題解決ができるという自信 │
└─────────────────────────┘

自分の強みを知り、使えるリソースを把握した上で、最後のアクティビティとして自分の今直面している課題に対してどうやって解決していくかというアクションプランを考えていく。

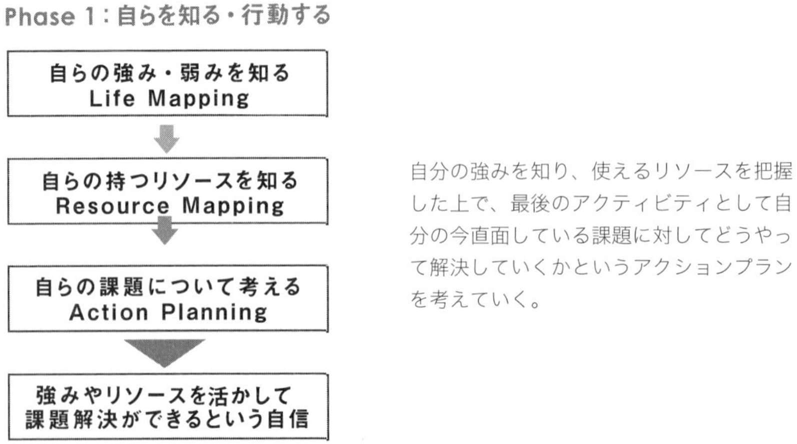

課題について考えていく。この時の課題設定は「これから外国人が増えていくと予想されるなか、学校生活の過ごし方が分からない外国籍の高校生や、どのように外国籍の生徒と接していいか分からない教員がいる現状に対し、参加した子たちが自ら外国人として日本で生活してきた経験を基に後の人たちに役立つようなガイダンスをまとめよう」というものだった。

　自らの体験を振り返り、例えば学校で大変だったこと、欲しかったサポート、自分や他の人がどうだったかを分析して共通項をまとめていく。外国人の抱える課題というと、日本語に着目されがちである。しかしそれ以外にも友達をつくる機会がないとか、孤立しがちであることとか、進路や就職をどうしていいか分からないという課題が出てくる。そういった課題に対し、生徒なりにどうすればいいか、高校生ならどんなアクションがあるかを考え、プレゼンテーションというかたちで提案をまとめ、実際に発表の場を設けた。

(3) 写真で外国ルーツの物語を伝えるプロジェクト

　自らの体験を活かした活動のもう一つの例を紹介する。2019年8月から、自らの生活や視点を写真を通じて発信するというプロジェクトを実施した。多様なバックグラウンドや海外にルーツを持つ人たちが多く行き交う東京で、外国ルーツの若者に焦点を当て、若者自らにフォト・ジャーナルを作成

図4-3　フェーズ2──社会にはたらきかける

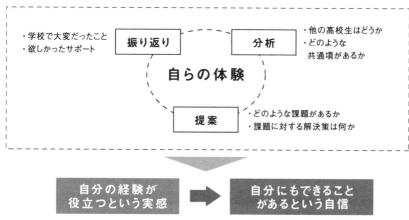

してもらった。「Photo Journal・写真で綴る7日間の旅『移民』の若者の物語」というタイトルで、若者たちが自らの日常生活を1日1枚写真に撮っていく。その写真に説明や日常生活で感じている文章を添える。1週間分の写真と文章をまとめてフォト・ジャーナルを作成、配布した。12月には、撮影した写真を共有しながら移民の若者が置かれている現状について話し合うトークイベントも実施し、彼らを取り巻く環境の課題や壁について議論を交わした。

4●インターンシップ・プログラムの効果
──プログラムを体験したユースの声から

(1) エンパワメントの場として

　これらのプログラムのポイントを挙げてみよう。それは、自らも社会の一員として何かしらできることがあると実感し、自信を持つ機会となることだ。

　外国人というと「日本語ができない」「文化になじめない」といった、「できない」ことに焦点が当たりがちである。一方で、「移民の若者が持つ能力」に着目した議論が少なく、彼らの可能性を育てる場が欠如していると感じてきた。インターンシップ・プログラムでは、小さくても自らの「できるこ

と」を発見する機会となることを意識した。少人数のプログラムではあるが、若者にとって自らが役割を担うことで、自分の特技や強みを発見し、自信をつける。そうしたエンパワメントの機会にもなっていた。

　参加者のなかから出てきた感想を紹介する。フィリピンから来日した若者は、これまでは学校やアルバイトでも言われたことしかしてこなかったなかで、ワークショップの企画では「自分のアイデアが採用されたことで自信が持てるようになった。アルバイトでもここは改善した方がいいなと思ったポイントを勇気を持って言えるようになった」というような効果があり、提案する力がついたという感想ももらっている。

　今でも、活動していて印象に残っている言葉がある。高校を中退したネパール人の若者が、2018年に東京都美術館でのインターンシップ・プログラムを終えた後に、「すごいチャレンジングで大変だったけれども、とても成長できたと思う。うれしかった」と言ってくれた。彼女は経済的に苦しい状況にあり、親をサポートするために学校をやめてアルバイトで家計を助けていた。「アルバイトをする日々は毎日が同じことの繰り返しで将来が見えない。一体自分はどうなっていくんだろう」と思っていたという。これまでこういった機会に恵まれず、諦めていた自分に、成長できるような体験ができることを喜んでくれていた。

　このようなインターンシップ・プログラムのなかで、例えば、参加者同士の間にも、お互いの仕事をサポートする様子も見られた。日本語がまだ十分できないインターン生に日本人のインターン生が声をかけて、フォローし合うなどの助け合い。また最初は消極的だったけれども、活動を始めると楽しそうに参加しているユーススタッフや、日本人のユーススタッフのなかにも多言語・多文化に触れるのが楽しく、活動がよりどころになっていると話す若者がいた。例えば、学校やアルバイト先などに限られた生活を送っている若者たちは少なくない。普段の生活ではなかなか接点のない人々との交流や社会との接点を通じて、ユーススタッフであるインターン生たちは活動を自らの居場所として捉えるようになり、オーナーシップの芽生えが見られていった。

　高校生向けガイダンスづくりのプログラムに参加した高校生は、卒業後すぐに就職する必要があって「どういう仕事に就いていいか分からなくて不安

だ」という課題を抱えていた。その彼女はまずアルバイトを始めてお金を稼ぐというよりも、就業体験を積むことで、自分の適性を知るというアクションを選択した。彼女の場合は日本と母国とを行ったり来たりするなかで、幼稚園は日本、中学校はフィリピン、高校からは日本で暮らしてきた。環境が変わっても、粘り強く負けずに取り組んできたところが自分の強みとしてある。と同時に、先輩や親戚などいろいろな人とのつながりで助けられてきたという。そうした経験を基に、自分の周りの人の体験を聞きながらアルバイトを見つけて始めた。これは小さなアクションかもしれないが、日本語に苦手意識を持つなかで、アルバイトを始めるのは心理的なハードルがかなり高い。にもかかわらず、それを自ら行動できたことで、自信がついたということになる。学校での学びと同時に、この複合機能としての学びの場で得るライフスキルは、外国ルーツの若者たちが社会で活躍していく時、相乗効果となって表れるはずだ。

（2）学校外の学びの場
──第3の居場所として・外国ルーツの若者へのサードプレイス

　筆者自身は国際交流基金や国際機関を経て、外国ルーツの若者を対象としたアートプロジェクトを立ち上げ、2016年に一般社団法人kuriyaを設立して現在に至る。アートプロジェクトや定時制高校での放課後部活動など、形式や実践の場は変われど、これまで一貫して取り組んできたのは、多文化なコミュニティづくりだった。それは、多様な背景を持つ若者が、共同作業などを交えたプロジェクトを行うなかで、それぞれの持つ知識やスキルを共有し、互いに学び合いながら成長していくインターカルチャーな場ともいえる。

　これまで、100回以上のアートプロジェクトを実施してきた。その経験から、人と人とのつながりをつくるためには、支援される側ではなく自らも何かできることがあるという、エンパワメントの機会が重要だと考えている。人と人とのつながりは、それが多種多様になった時にその人の生活を支えたり、潤したりするようになっていく。日本語教室といった外国人のみを対象とした活動だけでなく、社会と接点を持たせるような関係性をつくる場が必要だった。そんな場をサードプレイスとして考えていた（図4-4）。

図4-4　社会との接点を生み出すサードプレイス

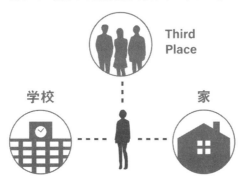

　「学びの場」というと、多くの場合、学校などの教育機関が連想されるが、実践型インターンシップ・プログラムで、高校生や若者たちは役割を持って達成感や成功体験を得ることができた。アートプロジェクトのように、写真などの表現を取り入れたプロジェクト内容も、新しい視点を引き出したり、自己肯定感を得るポイントになるといえる。何より、エンパワメントやキャパシティ・ビルディングにつながる複合機能としての学びの場となっていることが大きい。

　そして、学校以外の場で「自分はここにいていいんだ」と思える場であり、「ちょっとした相談ができる」いろいろな大人がいて、普段出会うことのできない人たちと交流できるような場であることが大切だ。居場所が一つしかないことで、社会との接点の糸が一本になってしまう危険性もある。その糸が切れた時に、孤立してしまうかもしれないからだ。居場所は多い方がいい。

5 ● 外国ルーツの若者たちが社会で活躍できるように

　このような学びの場や居場所づくりを進めていくうちに、参加者からは「自分も外国人として苦労してきたから、これから新しく来日する外国人の子が苦労しないようにしたい」という声が上がるようになった。このインターンシップ・プログラムのポイントは、エンパワメントの場づくりにおいて、自分も社会の一員として何かできることがあると思えることだ。社会課

題に働きかける時に、どうしても力がないと思ってしまう傾向が見受けられるが、そうではなく、自分にも何かできることがあることを実感してもらい、自己肯定感を持たせていくことはインターンシップ・プログラムのねらいでもあった。自分に何かできるという、自己肯定や成功体験といったエンパワメントの機会、キャパシティ・ビルディングの機会は非常に重要だと思っている。

【注】
本章の一部は、以下の文章を加筆修正したかたちで執筆した。

アーツカウンシル東京「『移民』の若者のエンパワメントのために、アートプロジェクトができること――海老原周子『Betweens Passport Initiative』インタビュー〈前篇〉」https://www.artscouncil-tokyo.jp/ja/blog/27917/（最終閲覧2022.7.13）

海老原周子（2020）「福祉教育事例④　外国ルーツの高校生の学び場づくり――国際化時代の多様性を育て未来を描ける社会を目指して」『ふくしと教育』29号，36–39.

海老原周子（2021a）「未来の担い手を育てる――外国ルーツの若者が『日本で育って良かった』と思える社会へ」『都市とガバナンス』35号，68–72.

海老原周子（2021b）『外国ルーツの若者と歩いた10年』アーツカウンシル東京。https://tarl.jp/library/output/2020/fieldnotes_ebihara/（最終閲覧2022.7.13）

海老原周子（2022）「インターカルチュラルな若者たち――アートを通じた人材育成」山脇啓造・上野貴彦編著『多様性×まちづくり　インターカルチュラル・シティ――欧州・日本・韓国・豪州の実践から』明石書店，164–173頁。

中央教育審議会生涯学習分科会（第104回）議事録、令和元年9月9日、文部科学省。https://www.mext.go.jp/b_menu/shingi/chukyo/chukyo2/siryou/1422152.htm（最終閲覧2022.7.13）

コラム 4　移民の若者のストレングスとアートの力

オクイ・ララ （Okui Lala）

> マレーシアを拠点に活動するアーティスト、カルチュラルワーカー。彼女の活動は、ビデオやパフォーマンスからコミュニティ・エンゲージメントまで多岐にわたる。また、NPOや組合、さまざまなコミュニティと写真やビデオのワークショップを行う。

Shuko（周子）

From your perspective, what do you think is the strength of migrant youth that you worked with kuriya? What do you think the art was able to do, if any?

kuriyaの移民の若者たちと一緒に活動していて、ご自身の観点から何が若者たちのストレングスだと思いますか。また、アートにはどのような力があったと思いますか、もし何かあれば。

Okui（オクイ）

I think the strength of the migrant youth in kuriya is that they are more sensitive,

kuriyaで出会った移民の若者の強みは、ある種の繊細さ、ではないかと思います。

sensitive in a good way that they are more observant.

良い意味で、繊細だからこそ、とても優れた観察者であると思いました。

When we were doing the "Rubiks Tour Workshop," the participants needed to identify the culture of the place based on the shop signages.

「ルービックキューブツアー」をしていた時、参加者はお店の看板などから、その場所の文化を探す必要がありました。

With the little information provided through the signages, they were able to give their interpretation through the signage and it's surrounding while adding in their perspectives as well.

読み取れる情報が少ないなかで、看板や周りの状況から自分なりに解釈し、自分たちの視点も加えて表現していました。

Through the insights provided, they are actually very mature for their age.

その洞察力を通じて、彼らは実年齢に対して、成熟していると感じました。

They are street smart because they need to leave their country at a young age and adapt there.

彼らは若くして自分の生まれ育った国を離れて、日本に適応する必要があるからこそ、ストリート・スマートなのです。

Art might not be able to give them direct monetary transaction.

彼らはアートから金銭的な見返りを受け取ることはできないかもしれません。

But hopefully, it is able to be a platform for others to understand the migrant youth's thoughts and identities.

しかし、アートは、他の人にとって移民の若者の考えやアイデンティティを理解するためのプラットフォームとなるかもしれません。

I would like to share a quote from one of my project partner who was a domestic worker from Indonesia.

私のプロジェクトパートナーの一人である、インドネシア出身の家事労働者の言葉を紹介したいと思います。

She mentioned, art for her is like a bridge between different communities, organizations and public.

彼女にとってアートは、異なるコミュニティや組織、そして一般の人々をつなぐ橋のようなものだと言います。

So I like how she described it.
彼女の表現が好きです。

She used a Malay and Indonesian word "menjambatani."
彼女はマレー語とインドネシア語の「menjambatani」という表現を使っていました。

"Men-" is a prefix that makes an object into an action. "Jambatan" means a bridge. So here, the bridge becomes an action.
「Men」とは、対象をアクションに変える接頭語です。「Jambatan」は橋という意味です。つまり、ここでは、橋を架けるという意味になります。

Rather than a complex definition on what can art do …
アートは何ができるのか、という複雑な定義をするのではなく……

It meant a lot to hear from her.
彼女が自ら説明した、その言葉が意味のあるものだと思うのです。

I asked her opinion as a migrant worker activist, "activism and policy making maybe faster and productive … ."
彼女に移住労働者の活動家としての意見を聞いてみると、「アクティビズムや政策立案は、もしかしたら早くて生産的かもしれない……」と。

"but we also need a softer voice"
「でも、小さな声も必要なんです」

"to communicate and share our thoughts"
「それは、コミュニケーションを取るためにも、考えを共有するためにも必要で」

"that is not always demanding or shouting or sounds angry."
「常に大きな声で、怒りと共に何かを訴え続けることだけではなくて」

"We need another voice or softer voice."
「もっと違う声で、より柔らかい声でささやくこと」

This made me think a lot about the "other, softer voice."
「もう一つの柔らかい声」について、いろいろと考えさせられました。

How to provide another voice or visual of the migrants or refugees.
移民や難民のもう一つの声やビジュアルをどう提供できるのか。

The stereotypical image that people have on migrant workers and refugees in Malaysia are usually of them crying, being sad or angry.
マレーシアの移住労働者や難民は、泣いたり、悲しんだり、怒ったりしているというのが、ステレオタイプのイメージです。

That they would always like to go home after earning enough here.
ここで十分に稼いだら、母国に帰りたいというイメージで語られます。

Of course, this is not to undermine the difficulties they are going through.
もちろん、彼らが直面している困難を軽視するわけではないです。

But rather to see them from another point of view other than the image portray on the media.
しかし、メディアで描かれるイメージとは別の視点から、彼らを見ることができるのです。

They (the domestic workers) are mothers, sisters, daughters that left their home to help their family.
彼ら（家事労働者）は、家族を助けるために母国を離れた母親であり、姉妹であり、娘なのです。

In the case for the migrant youth in kuriya, they are someone with dreams.

kuriyaの若者たちのように、夢を抱く若者たちであること。

That's what I humbly learned from my community partners here in Malaysia and also from kuriya as well.

これは、私がマレーシアのコミュニティパートナーやkuriyaから学んだことです。

＊2022年1月に、海老原周子とオクイ・ララさんによる英語での対談（オンライン）を行い、その一部を収録した。英語と日本語訳を付けて表記した。

第5章

コロナ禍を生きる外国につながる若者との
アクションリサーチ

YPARの試み

徳永智子

1 ● コロナ禍における外国につながる高校生とYPAR

　2020年3月、新型コロナウイルス感染症の感染拡大に伴って一斉休校が始まった。それから約3カ月間、休校が続き、外国につながる生徒と家族は学校とコミュニケーションがとれにくくなっていること、支援が薄いなか、独自で課題に取り組まないといけない状況になっていること、一時帰国した生徒が日本に戻ってこられなくなっていることなど、学校現場からさまざまな声が聞こえてきた。いち早くNPOを中心として外国につながる子どもや家族の実態調査やオンライン支援が始まるなか、これまでの定時制高校・NPO・大学の協働体制を活かして緊急の外国につながる高校生の実態調査（生活・学業・進路の状況）とオンライン教育支援の研究企画を考えた。筑波大学の「新型コロナウイルス緊急対策のための大学『知』活用支援プログラム」の助成金もいただけることになり、研究プロジェクトを開始した。

　私たちがこだわったのは、外国につながる若者と「一緒に」研究を行うことである。これまでインタビューやアンケートの対象としてしか見られてこなかった若者たちと共に、コロナ禍を生きる外国につながる若者の実態把握やエンパワメントを行うことができないか。コロナ禍を経験する当事者だからこそ見えてくる視点や課題、ニーズがあると考え、アメリカを中心として展開されてきた若者参加型アクションリサーチ（youth participatory action research: YPAR、ワイパーと呼ぶ）を実施することとした。東京都立一橋高校

定時制の多言語交流部（ONE WORLD）や一般社団法人kuriyaのインターンとして活躍した若者2人（アルジュンさんとパオロさん）にユースリサーチャーとして参加してもらい、NPOや高校、大学のメンバーによるYPARチームでプロジェクトに取り組んだ。

　YPARに取り組むことにした個人的な理由もある。私は、大学時代から日本とアメリカのNGO・NPOや学習支援教室などで、外国につながる子どもの教育支援に携わり、少しでも彼らの教育環境を改善することに貢献したいと思いながら、研究や実践を進めてきた。しかし、当事者の「声」を社会に届けるという名目で、外国につながる若者を対象化し、フィールドノーツやインタビューデータを収集し、分析し、論文や本を書くことに疑問も感じるようになっていた。もちろん研究者として、丁寧に彼らの「声」を聴き、データを解釈し理論化していく作業は重要だと認識しながらも、直接的に実践現場に貢献したり、あるいは教育施策に影響を与えることもできず、ジレンマを感じていた。そのような時に、アメリカの教育学会や人類学会などで、研究者が学校やNPO、移民の子ども・若者たちと協働して、移民コミュニティや教育現場への貢献も目指した参加型アクションリサーチ（participatory action research: PAR）を実施していることを知った。研究と実践の両方に寄与できる新しい研究の在り方として大きな可能性を感じ、居場所づくりのPARやYPARプロジェクトを試行してみたのである（徳永, 2021a; 徳永，2021b; Tokunaga et al., 2022a）。

　本章では、YPARの説明、本プロジェクトの概要、プロジェクトから見えてきた若者たちの姿、ユースリサーチャーの学びや変化などについて紹介する。多文化共生や支援体制の充実化の必要性が言われるなかで、若者の「声」や視点を尊重し、共にインクルーシブな社会や教育をつくる方法としてのYPARの可能性も提案したい。

2●若者参加型アクションリサーチ（YPAR）とは

(1) YPARとは

　若者参加型アクションリサーチ（YPAR）は、若者をパートナーとして認識し、研究の全てのプロセスにおいて対等な立場で関わり、共に知識を生み

出し、その知識を活かして状況改善や社会変革につなげていく方法である（Cammarota & Fine, 2008）。特に2010年前後からアメリカを中心として発展してきており、学校の授業や学校外のユースプログラムなどでも取り入れられている。

　若者が経験する社会課題は、若者自身が最もよく知っているという理解のもと、若者を中心に据えながら研究を進めていく。若者と対等な立場にある大人がパートナーとして、研究のスキルなどのトレーニングを行う。そして若者と大人のパートナーシップをもとに、若者が学校やコミュニティの課題を発見し、研究を行い、状況改善を目指してリーダーシップを発揮していく（Ozer, 2016）。

　大人と若者の間には権力関係があるため、YPARでは大人と若者の間で「権力の共有」（power sharing）が目指される（Irizarry & Brown, 2014）。もちろん大人の権力をなくすことはできないが、できるだけ対等な立場で学び合う姿勢を持つこと、若者の「声」に耳を傾けることが目指される。

　YPARの重要な原則は、次の三つである（Rodriguez & Brown, 2009）。

①探求型（inquiry based）：研究のトピックは、若者のニーズや経験に基づく。
②参加型（participatory）：若者の知識やスキルに価値を置き、若者を研究方法や教育のプロセスのパートナーとして認識する。
③変革的（transformative）：若者の生活やコミュニティを改善すべく知の産出や実践に介入する。

　これらを通して、社会で見えにくい存在である若者のニーズに応え、若者の「声」を社会に届け、彼らのエンパワメントを目指す。

　研究の文脈を見ると、マイノリティの子ども・若者の研究は、多くの場合、当事者の生活から遠い場所にいる大学の研究者によって行われてきた。研究者が若者、特にマイノリティの若者の問題を発見し、名付け、研究をすることで、必ずしも当事者の視点や世界観が反映されていない知識が正しいものとして生み出される問題が指摘されてきた。YPARを含む参加型アクションリサーチ（PAR）も、このような植民地主義的な構図、つまりマイノ

リティの人々が自らの経験に基づく知識の生産プロセスに参加できていない状況に異議を唱え、発展してきた（詳細は、武田、2015を参照）。YPARでは、問題の影響を受ける若者自身が、知や実践をつくるプロセスに参画し、研究とアクションを行うことで、研究を民主化することにもつながると言われている。

(2) YPARの効果

　YPARは、参加した子どもや若者にどのような効果があるのだろうか。Shamrova & Cummings（2017）は、18歳以下の子ども・若者と協働したPARプロジェクト（社会問題を対象）を扱う45本の英語論文のレビューを行い、次のような効果を報告している。なお、45本のうち、多くがアメリカやカナダなど欧米で実施されているものだが、27％の論文は発展途上国で行われている（Shamrova & Cummings, 2017: 408）。

　第一に、子どもや若者が社会問題や不平等について意識を高め、研究したトピックの理解を深めたことが挙げられている。また、研究スキルを高め、チームワークについても学んでいる。

　第二に、子どもが自己肯定感を高め、PARへの参加を通して社会を変えることができると認識することで、責任を取ることやリーダーシップの役割を担うことも報告されている。

　第三に、大人と子どもの関係性が良好になることも指摘されている。このような対等な関係性が築かれることで、大人が子どもの「声」に耳を傾け、チームの一員として共に関わり、子どもが異なる世代とコミュニケーションをとる際のツールを習得することも挙げられる。子どもの「声」や視点が尊重される文化がつくられている。

　第四に、地域に根差したPARでは、コミュニティへのつながりや所属感を高めることが報告されている。特に移民の子どもなど、社会に居場所がないと感じやすいマイノリティの子どもにとって、ここにいてもよい、自分の存在が認められる感覚を生み出す効果もあるのだろう。

　第五に、これらの効果が相互に影響し合い、子どもや若者がコミュニティの変化を起こす担い手になるための機会を提供することが言われている。プロジェクトが終了した後も、プログラムづくりに関わったり、行政関係者

に対して研究の結果を発表したり、仲間を助けたりしている。このように、YPARはプロジェクトが終了した後も、参加した子どもや若者、そして子どもを取り巻く仲間や家族、地域社会に対して大きな効果をもたらすといえるだろう。YPARを通して、組織やコミュニティへの効果があることも述べられている。

　他にも、アメリカで実施された52件のYPARプロジェクトをレビューしたAnyon他（2018: 873）によると、若者のリーダーシップスキルの向上（75%）、学力やキャリア形成（55.8％）などの効果があったことが報告されている。このように、若者と共に研究を行い、その結果をもとにアクションを実施することを重視するYPARは、当事者の若者にも多くの利益があるといえよう。国内でYPARと冠した取り組みはほとんど見られないなか、本プロジェクトでは、欧米で発展してきたYPARの理念や実践を参考として、試行的に取り組んだ。次に、私たちがどのようにYPARチームをつくり、研究を進めていったのか、紹介しよう。

3 ● YPARプロジェクト──チームづくりからアクションまで

(1) YPARのチームづくり

　YPARプロジェクトで重要なのはチームづくりである。YPARでは大人が企画した研究プロジェクトを若者に実施させるのではなく、若者が一メンバーとして自らの「声」が尊重されるよう、水平的な関係性や信頼関係をつくることが求められる。

　今回のプロジェクトメンバーの多くは、2015年から高校・NPO・大学の三者協働によるONE WORLDの部活づくりを通して出会い、関係性を築いてきた人たちである（⇒第1章、コラム1・2・3）。コアメンバーは以下の5人である。フィリピンから14歳で来日し、定時制高校の卒業生で専門学校1年生（2020年時点）のパオロさん（⇒コラム7）、インドから15歳で来日し、同じく卒業生で大学1年生（2020年時点）のアルジュンさん（⇒コラム1・7）、外国ルーツの若者支援を行うNPOカタリバ・パートナーの渡邉慎也さん（⇒コラム6）、ネパールからの留学生で東京大学大学院生のジョシさん（⇒コラム5）、そして私である。また、本書の編者であるkuriya代表理事の海老原さ

YPARプロジェクトのオンラインミーティングの様子

（左から右へ）上段：私、渡邉さん、ジョシさん。下段：パオロさん、アルジュンさん。

んと高校教諭の角田先生にもさまざまな助言や支援をいただいた。パオロさんとアルジュンさんとは高校のONE WORLDでの活動で出会い、関わりを持っていたことも、プロジェクトを円滑に進めることにつながった。

　私たちが目指した関係性を表したのが、図5-1のYPARチームである。YPARチームの中心にいるのが、ユースリサーチャーのパオロさんとアルジュンさんである。そしてそのサポート役として、大学に所属する私とジョシさん、NPOの渡邉さんがいる。一般的な研究チームの場合、大学の研究者が代表者として研究の企画・進行を進めるが、YPARでは若者たちとできるだけ同じ目線で関わり、ユースリサーチャーの「声」が尊重・反映されるよう、対話の場を多く設けるなど、さまざまな工夫がなされた。またインタビューに協力してくれた高校生や専門学校生とも、対等な立場で対話ができるようにした。

　コアメンバーを中心として、2020年7月から毎週1回約1時間、Zoomでミーティングを行い、研究を進めていった。日本語と英語の混合でミーティングは行われた。特に2人のユースリサーチャーが学校や仕事があるなかで、本プロジェクトに関わることが大きな負担にならないよう気を付けた。例えば、毎回のミーティングの初めに、今の気持ちや近況などを共有することで、ミーティングに入りやすいようにチェックインを行った。チームの関係性をつくるとともに、彼らの学校／大学や仕事の状況などを確認するようにした。

図5-1　YPARチーム

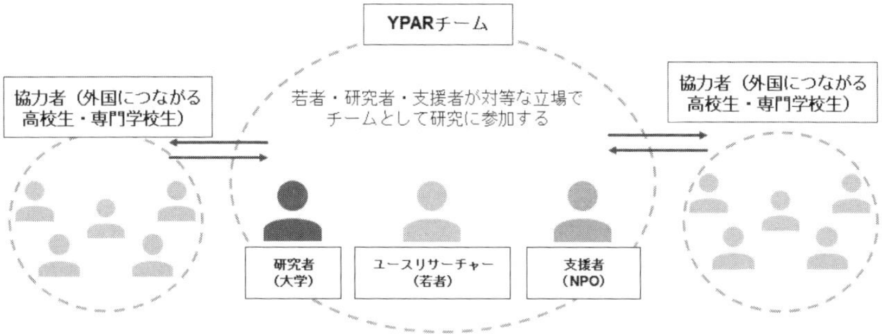

研究を始めたばかりの7月には、大学院生のジョシさんに研究についての概略や新型コロナウイルス感染症が日本に暮らす外国人に与える影響などについて話していただいた。研究の問いのつくり方、仮説の重要性などについてやりとりをして、ユースリサーチャーの関心のあるトピックについてもアドバイスをいただいた。

(2) YPARプロジェクトの過程

　YPARプロジェクトは、大まかに四つのフェーズで進んでいった（図5-2「YPARプロジェクトの研究過程」）。①研究課題の設定、②データ収集、③データ分析と振り返り、④発表とアクションである。分かりやすいように一方向的な矢印になっているが、現実はらせんを描くようなかたちで進んでいった。以下、一つずつ紹介する。

①研究課題の設定

　YPARでは若者の経験や関心に基づき研究のトピックを決めていく。本プロジェクトでは、「コロナ禍の外国につながる若者」という大きなテーマは事前に用意してあったが、具体的に何を明らかにするのかは、ユースリサーチャーが自粛期間中の生活を振り返り、課題だと感じたことを言語化し、決めていった。アメリカの大学やNPOなどが取り組むYPARに関するウェブ

図5-2　YPARプロジェクトの研究過程

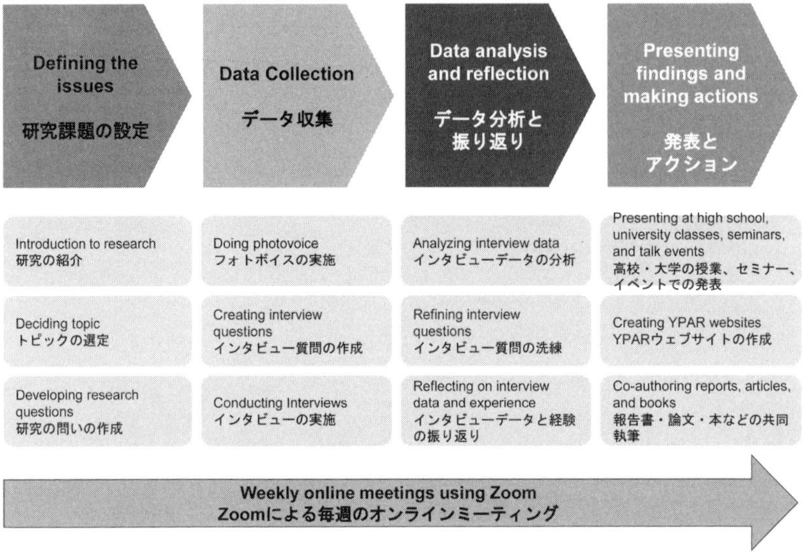

サイトの資料などを参考にしながら、自身の生活を振り返るエッセイを書
く、ミーティングで共有、それをもとに対話をする、という流れで進めて
いった。研究のトピックを考えるために、課題だと感じていること、なぜそ
れが課題だと考えるのか、それをテーマに研究することの利益は何かなどの
質問が書かれている、課題設定のワークシートに取り組んだ。パオロさん
は、緊急事態宣言の発令により、親と自身の仕事が休業となり、自宅での自
粛生活が続くことで、健康面への不安を感じていた。アルジュンさんは、大
学1年生になったばかりで大学の授業や活動が全てオンラインとなり、一日
中続くオンライン生活にメンタルの不安を抱えていた。また感染の不安があ
りながらも、コンビニでのアルバイトのシフトも増え、働き続けていた。

　エッセイや対話での振り返りとともに、フォトボイスにも取り組んだ。
フォトボイスは、PARでよく使われる手法で、参加者自身がコミュニティ
の写真を撮ることで、参加者の視点からこれまで知られていなかったコミュ
ニティの状況を明らかにすることができる。本プロジェクトでも、ユース

(1) 例えば、Berkeley YPAR Hub（University of California, Berkeley and San Francisco Peer Resources）
http://yparhub.berkeley.edu/（最終閲覧2022.6.24）

"Had to get creative on my walk
back from work at a new place.
Hopefully less train commute."

(「新しい仕事からの帰りにクリエ
イティブになる必要があった。
電車通勤が減るといいんだけど」)

アルジュンさんのフォトボイス作品

リサーチャーにコロナ禍の生活を振り返り、自身の生活や考えたことなど、テーマと関連する写真を自由に撮ってもらい、ミーティングで話し合った。上の写真は、アルジュンさんが自粛期間中の仕事帰りに撮ったものである。

　アルジュンさんは、感染や健康面での不安を抱えていながらも、仕事帰りに公園に立ち寄って写真撮影をしたり、考えごとをしたり、新しい趣味や息抜きの仕方を見つけていた。フォトボイスは、「自分のことをもっと伝えることができる」とアルジュンさんが語るように、写真を撮影・共有することで、悩みを共有したり、共感したり、つながる感覚を持つことができたのかもしれない。

　以上のような振り返りを通して、本プロジェクトでは若者のメンタルヘルスや健康にも着目して、新型コロナウイルス感染症は外国につながる高校生・専門学校生の生活や健康面にどのような影響を与えたのか、彼らはどのように困難を乗り越えたのかを考察することとした。

②データ収集

　新型コロナウイルス感染症の感染拡大が続くなかで、オンラインで外国につながる高校生や専門学校生にインタビューを実施することにした。当初は高校生対象の予定だったが、ユースリサーチャーが自身の経験から専門学校生も同じような課題を抱えているのではないかと語り、学校段階をまたがっ

147

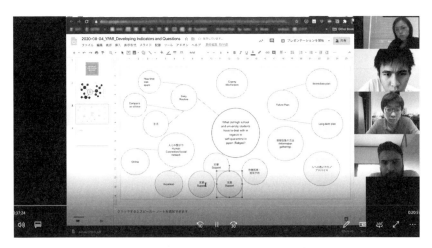

オンラインミーティングで概念図をつくる様子

て調査をしたいと提案したことによる。8月に本プロジェクトで設定した問いをもとに、概念図をつくりながら、ユースリサーチャーが中心となってインタビューの質問項目をつくった。彼らの目線から、自粛期間中の日常生活の在り方、ソーシャルメディアの利用の仕方、コロナ関連のニュースへの思い、交流した人などについて質問を英語と日本語で書いた。また、インタビュー協力者を勇気づけるためにも、他の人へのアドバイスやパンデミック後の生活への希望などについても聞くこととした。

　インタビューを開始する前に、協力者が特定されないようプライバシーを保護すること、回答したくない質問には答えなくてよいと伝えること、共感して話を聴くことなど、インタビューにおける研究倫理について私から説明をした。協力者を緊張させないように、日常会話のように話を聴くことなど、インタビューの進め方についても確認した。インタビューは倫理的課題を考慮して、基本的に大人1名（私か渡邉さん）とユースリサーチャー1名が組んで実施することとした。

　NPOやユースリサーチャーが既に持つネットワークを活かしてインタビューの協力者を募り、7名の高校生と4名の専門学校生（ルーツ：フィリピン7名、ネパール1名、インド1名、ミャンマー1名、オーストラリア1名）の協力を得ることができた。2020年9月から12月まで、約30分から1時間のオンラインインタビューを実施した。

③データ分析と振り返り

　インタビュー後は、担当したユースリサーチャーがインタビュー内容の要約と感想（驚いたこと、興味深いと思ったこと、なぜそう思ったかなど）を文章でまとめた。ミーティングでそのメモやデータを記入したエクセルシートを使いながら、メンバーでインタビューの振り返りをして、分析を進めた。特にユースリサーチャーにとって、次に紹介する発表の機会の度に、自らのYPARの経験やインタビューの内容を振り返り、理解を深めていくプロセスがあった。

④発表とアクション

　YPARでは「変革的」（transformative）という言葉にも表れているように、研究で分かったことをアクションにつなげることが重視される。本プロジェクトでは、高校や大学の授業での発表、高校生向けのオンライン・イベントの企画・実施、報告会・シンポジウム・国内外の学会等での発表、ウェブサイトの作成、報告書や論文、本の共同執筆など、さまざまなアクションをとった。発表は、聴衆によって、日本語と英語を使い分けて行った。

　2020年9月には、ユースリサーチャーの2人が母校の定時制高校のシティズンシップ授業で本プロジェクトについて発表し、後輩の高校生に研究をすることの意義などYPARの経験について発表をした（⇒第2章）。パオロさんが「後輩に話ができて誇り高く思った」と語るように、これから自分のプロジェクトに取り組む高校生に対して、彼ら自身の経験やアドバイスを伝えることができたのは、自信にもつながったのだろう。その後も、先輩として時々その授業に参加し、メンターとして助言をしている姿があった。

　2020年10月末には、NPOカタリバと連携して、高校生向けのオンライン・イベントを企画・実施した。

　前半は渡邉さんのファシリテーションのもと、ゲーム要素を取り入れた高校生の交流を行い、後半はジョシさんの司会のもと、高校生によるストーリーテリング（コロナ禍の生活や経験について話をして、お互いの話を聴き、共感し合う時間）を実施した。最後にアルジュンさんから高校生に向けて、コロナ禍の応援メッセージが届けられた。定時制高校に通う外国につながる生徒だけでなく、以前日本に暮らしていた生徒もフィリピンから参加し、国境

オンライン・イベントのちらし

を越えて若者がつながるプラットフォームとなった。

　2021年2月にはYPARチームが香港教育大学のオンラインセミナーで英語で発表し、香港の教員や大学院生などと議論をした。またkuriyaの協力も得て「移民の若者から学ぶ、社会を変える一歩」と題したオンライン報告会を企画し、NPO関係者、メディア関係者、大学生／院生、元ONE WORLDのサポーターなどを招致し、YPARの可能性や課題についてやりとりをした。2022年3月には、チームメンバーと共に、筑波大学においてハイブリッドで開催されたシンポジウム「多文化共生社会の持続可能な学びの場のデザインを目指して」においてYPARプロジェクトの発表とディスカッションに参加した。国内の多文化共生の施策や実践において当事者不在になることが多い問題性を指摘し、会場の人々と共に、YPARが重視する当事者の視点をどのように組み込むことができるのかについて意見交換することができた。

　本プロジェクトを記録することも重要と考え、「YPAR with Immigrant Youth in Japan」というタイトルのウェブサイト（日本語・英語）を作成し、当該プロジェクトの詳細についてさまざまな情報を掲載し、より多くの人に発信することを心掛けた。ユースリサーチャーのアイデアをもとに、当事者

YPAR プロジェクトのウェブサイト（左）と QR コード（右）

の若者の「声」を届ける動画も掲載した。

　海外の YPAR 研究者や実践者への発信を目指して、本プロジェクトをど
う進めたのか、ユースリサーチャーがプロジェクトにどのような貢献をし
たのかについて、アメリカ人類学会の一つの部会である Anthropology of
Children and Youth Interest Group（ACYIG）が出版するジャーナルに短い論
文を共同執筆した（Tokunaga et al., 2022b）。このようにアクションに至るま
での全ての研究過程において、チームメンバーと協働し、より多くの人に届
くよう工夫を重ねている。

　今振り返ると、発表・発信もアクションの一つとは考えているが、高校生
を巻き込んだワークショップや授業の企画・実施、教育行政の方々との対
話の場づくりなど、アクションの方法をより多様化できたらよかった。海外
の YPAR の事例でも予算や時間の制約が述べられているように（Shamrova &
Cummings, 2017）、本プロジェクトでも予算や時間、人材などさまざまな資
源の限界があった。どのように持続可能なかたちでアクションを展開してい
くのか、協働体制をどう活かしていくのかなど、課題は多い。

4 ● YPAR から見えてきたコロナ禍の外国につながる若者たち

　本プロジェクトを通して、コロナ禍の外国につながる若者たちのどのよう
な姿が浮かび上がってきたのか。インタビューからは、自粛期間中に若者た
ちが健康や生活、学業、進路などさまざまな面で困難を抱えていることが分
かった。アルバイトがなくなり（あるいはシフトが減り）、経済的に厳しい状

況に置かれた若者もいれば、緊急事態宣言下でホテルや飲食店、コンビニな
どでの仕事を継続しており、感染への不安や学業と仕事の両立などから、多
くのストレスを抱えている若者もいた。また、言語的・文化的障壁から、休
校期間中、学校からの情報が十分に届かず、学校とのコミュニケーションや
課題の実施に困難を抱えている生徒も多くいた。他にも、緊急事態宣言下で
在留資格が更新できなかったり、家族や親戚が暮らす母国との往来ができな
かったりすることから不安を感じている若者もいた。

　このようにさまざまな困難がありながらも、インタビューを通して分かっ
たことは、若者たちがSNSやメディアを通じて国内外のニュースを多言語
（日本語や英語、タガログ語、ネパール語など）で幅広く収集したり、母国の友
人や親戚とコミュニケーションをとったり、家でも楽しめる趣味や遊びを生
み出したり（絵を描く、作詞・作曲、楽器演奏、料理、オンラインゲーム、写真
撮影、映画鑑賞など）、家族との時間を楽しんだりする姿だった。コロナ危機
のなかでも困難を乗り越えるべく、クリエイティブなアイデアや方法を生み
出していた。さらに、家族とのつながりの重要性に気づいたり、世界で起き
ている自然災害や人身売買、格差、人種差別などの問題への関心が高まった
り、人々の協力や連帯の重要性を認識したりするなど、若者たちはコロナ禍
でさまざまな気づきや学びを得ていた。多言語による国内外の情報にアクセ
スし、日本と海外の新型コロナウイルス感染症の感染拡大の状況、行政の介
入や支援の在り方、市民の意識や行動の仕方などについて比較している姿も
見えてきた。

5●ユースリサーチャーの学びと変容

　ユースリサーチャーの学びや変容も大きかった。パオロさんとアルジュン
さんは定時制高校でONE WORLDに参加し、複数の部活動に取り組むなか
で少しずつリーダーシップを発揮し、最後の一年はONE WORLDの副部長
として企画や進行も積極的に行うようになっていった。その彼らが高校を卒
業後、研究に初めて取り組み、研究のスキルを習得し、仲間の「声」に耳を
傾け、共感しながら、対話を通して研究テーマの理解を深めていくプロセス
があった。また、振り返りを通して、自己肯定感を高め、自らの「声」を社

会に発信する重要性について語る場面も見られた（⇒コラム7）。2020年の新型コロナウイルス感染症の感染拡大が始まり、自粛生活を余儀なくされ、オンライン疲れや孤独を感じやすかった時期に、定期的にYPARメンバーとオンラインで会い、話ができたことも、コミュニティへの所属感や安心感につながったといえる。本章第2節で紹介したYPARの効果の一部が本事例でも見られたといえよう。

　しかし、課題も多くあった。パオロさんは緊急事態宣言が解除され、9月から仕事が始まると、定期的なミーティングに参加することができなくなっていった。本人の生活や学業を優先することが重要であると考え、彼とも相談して、参加する回数を減らすなど、かたちを変えての参加となった。海外の事例でも、子ども・若者やコミュニティの人々の負担をどう軽減するのか、柔軟性を持った関わり方の重要性が指摘されている。特に外国につながる若者など、厳しい経済状況に置かれている若者たちと研究を行う場合に、大人がどうサポートして研究を進めていくのか、さまざまな配慮が必要になってくるだろう。

6●日本の学校やNPOでYPARを展開していくには

　本章の事例でも見られたように、YPARには参加した若者のエンパワメント、また彼らを取り巻くコミュニティのエンパワメントなど多くの効果がある。パートナーである大人のサポートもありながら、若者自らが抱える課題を振り返り、言語化し、仲間たちにインタビューをしたり、アンケートをしたりすることで、課題を可視化し、そしてその知見をアクションにつなげていく。日本人の大人のまなざしから彼らの課題が語られ、マジョリティが求める「声」がつくられ、支援を受ける対象として「無力化」されるのではなく、YPARでは若者自身が振り返りを通して自分にとって重要な課題に気付き、言葉にし、ニーズを主張し、社会に働きかけていく。もちろん、資源の不足、コストの問題、協働の難しさなど多くの課題はある。しかし、多文化共生や外国につながる生徒の支援の充実化が叫ばれるなかで、YPARは、学校やNPOのプログラムなどさまざまな場で、支援者と支援の対象者という枠組みを超えて、当事者の若者が社会を変える可能性を持つ手法としても有

効ではないだろうか。

　実現可能性を考えると、いくつか課題が浮かび上がる。本プロジェクトの
報告会の際にも、NPOのスタッフやメディア関係者、行政関係者などから、
多くのコメントをいただいた。アメリカのYPARのアクションとして、若
者が政策提言やロビーイング活動をする場面がよく見られる。しかし、日本
は、欧米諸国とは異なり、子どもや若者を社会に参画させる視点が薄い（子
どもの参画情報センター, 2002）。近年、子どもアドボカシーの取り組みや18
歳選挙権の開始とともに若者の「声」を政治に届ける重要性が指摘されるよ
うになっているが、子ども・若者が参画する土壌が十分に発展していない。
そのため、多文化共生や外国人支援と関連する制度・政策づくりにおいて
も、外国につながる子どもや若者が参画し、「声」を届けることが非常に難
しい状況となっている。マジョリティ日本人の大人による多文化共生の政策
づくりと批判されることも多々ある（⇒コラム5）。

　また、日本社会においてYPARで重視される大人と若者の対等な関係性を
つくることも課題かもしれない。特に、学校では教員と生徒の間に上下関係
があるなかで、その関係性を組み替える場面をどれほどつくっていけるのだ
ろうか。正規の授業で取り組むとなると、さらに難しさが想像できる。大人
が権力関係に自覚的になり、子どもや若者の「声」を聴く態度や姿勢を身に
付けられるような、大人向けの研修の機会も必要かもしれない。

　さらに、YPARはコストがかかる手法である。ユースリサーチャー一人一
人に寄り添い、研究のトレーニングをし、研究を進めていくには、多くの予
算や人材など資源を必要とする。本プロジェクトはユースリサーチャーが2
人と小規模であったが、これを高校の授業やNPOのプログラムなどで実施
する場合、予算を含めた組織的な支援や外部連携などがないと難しいだろ
う。この点は、NPOのスタッフからも指摘された点である。例えば、アメ
リカでは大学と高校が協働し、研究者や大学院生がチームをつくり、高校で
YPARを実践する事例が多く報告されている（Irizarry, 2015など）。国内で
も高大接続の文脈でさまざまな取り組みが見られるなかで、YPARを取り入
れたユニークな実践を始めることは可能かもしれない。

　YPARの魅力をより広く社会に知ってもらうことが重要な一歩になるだろ
う。本章がその先駆けになればうれしい限りである。

【注】

本章の一部は、以下のウェブサイトや報告書を加筆修正したかたちで執筆した。

徳永智子（2020）「コロナ禍において移民生徒の学びを再構築」筑波大学新型コロ
ナウイルス緊急対策のための大学「知」活用プログラム研究成果報告書。https://
www.osi.tsukuba.ac.jp/osi/wp-content/themes/osi/pdf/covid19-progressreport-
tokunaga.pdf（最終閲覧2022.7.15）

Youth Participatory Action Research (YPAR) with Immigrant Youth in Japan:
Rebuilding learning opportunities for immigrant students during COVID-19 outbreak
in Tokyo. https://sites.google.com/view/ypar-with-immigrant-youth/home（最終閲覧
2022.7.15）

【参考文献】

Anyon, Y., Bender, K., Kennedy, H., & Dechants, J. (2018). "A Systematic Review of
Youth Participatory Action Research (YPAR) in the United States: Methodologies,
Youth Outcomes, and Future Directions." *Health Education & Behavior*, 45(6),
865–878.

Cammarota, J., & Fine, M. (eds.). (2008). *Revolutionizing Education: Youth Participatory
Action Research in Motion*. New York: Routledge.

Irizarry, J. G., & Brown, T. M. (2014). "Humanizing Research in Dehumanizing Spaces:
The Challenges and Opportunities of Conducting Participatory Action Research
with Youth in Schools". In D. Paris & M. T. Winn (eds.), *Humanizing Research:
Decolonizing Qualitative Inquiry With Youth and Communities* (pp. 63–80). Thousand
Oaks, CA: SAGE Publications.

Irizarry, J. (2015). *Latinization of U.S. Schools: Successful Teaching and Learning in
Shifting Cultural Contexts*. New York: Routledge.

子どもの参画情報センター編（2002）『子ども・若者の参画——R.ハートの問題提起
に応えて』萌文社。

Ozer, E. J. (2016). Youth-led Participatory Action Research. In L. A. J. D. S. Glenwick
(Ed.), *Handbook of Methodological Approaches to Community-Based Research:
Qualitative, Quantitative, and Mixed Methods*. (pp. 263–272). New York, NY: Oxford
University Press.

Rodriguez, L. F., & Brown, T. M. (2009). "From Voice to Agency: Guiding Principles
for Participatory Action Research with Youth." *New Direction for Youth Development*,
2009(123), 19–34.

Shamrova, D. P., & Cummings, C. E. (2017). "Participatory Action Research (PAR)
with Children and Youth: An Integrative Review of Methodology and PAR Outcomes
for Participants, Organizations, and Communities." *Children and Youth Services Review*,
81, 400–412.

武田丈（2015）『参加型アクションリサーチ（CBPR）の理論と実践——社会変革の
ための研究方法論』世界思想社。

徳永智子（2021a）「〈わたし〉から始める教育開発——日米における移民の子どもの

エスノグラフィー」荻巣崇世・橋本憲幸・川口純編『国際教育開発への挑戦──これからの教育・社会・理論』東信堂、138–154頁。

徳永智子（2021b）「アメリカのNPOによる中国系移民生徒の教育支援──ストレングス・アプローチから」恒吉僚子・額賀美紗子編『新グローバル時代に挑む日本の教育──多文化社会を考える比較教育学の視座』東京大学出版会、113–128頁。

Tokunaga, T., Machado Da Silva, I, & Fu, M. (2022a). "Participatory Action Research with Immigrant Youth in Tokyo: Possibilities and Challenges of *Ibasho* Creation Project". *Annals of Anthropological Practice*, 46 (1), 40–51.

Tokunaga, T., Dinesh, J. R., Watanabe, S., Shah, A. (2022b). "Co-researching with Immigrant Youth in Tokyo during COVID-19: Possibilities of Virtual Youth Participatory Action Research." *NEOS*, 14(1), 20–24. https://acyig.americananthro.org/neosvol14iss1sp22/tokunaga/（最終閲覧2022.7.15）

コラム 5	YPARのユニークな特徴──二人の視点から

ディネス・ジョシ

田畑智子

　若者参加型アクションリサーチ（youth participatory action research: YPAR）について述べる前に、私（ディネス・ジョシ）がYPARへたどり着いた道のりを簡単に説明したい。最初に、一般社団法人kuriyaの創設者である海老原周子さんと、2019年にネパール関連のSNSで知り合いになり、何度か一緒に仕事をする機会があった。2020年4月、kuriyaのイベントに招待され、講演した私は、日本の移民関連のコミュニティとネットワークを広げることができた。日本の移民コミュニティのために何かしたいという熱意は、私と同様のトピックで研究なさっている筑波大学の徳永智子先生をご紹介していただくことにつながった。徳永先生のおかげで、私は、YPARプロジェクトのリサーチアシスタント（RA）として働く機会を得ることができた。

　ネパールの極西地域出身の私は、移民として、10年以上前から「留学生」の資格を持ち、日本で学びながら生活している。私は、日本におけるネパール人移民コミュニティの急激な増加を懸念し、現在は、東京大学の博士課程に在籍し、移民の子どもたちの教育的権利についての研究を行っているところである。この研究では、10年間アメリカに移民として暮らし、子どもを育てた経験を持つ田畑智子さんに協力してもらっている。彼女は、学業以外でも、私が持っている価値観をよく理解してくれる。そこで、このコラムは二人の視点から見たYPARの可能性について述べることにした。最初に、私がYPARについて理解していることを皆さんと共有する。次に、田畑さんが私と一緒に参加した、他の移民関連のプログラムと比較して、彼女のYPARに対する洞察を伝えることにする。

❶ 移民の研究者という視点から見たYPAR

　日本に長年住んでいる私は、移民を対象としたさまざまな教育プログラムや
イベントに参加する機会がこれまでに多くあった。YPARもその一つであるが、
私の経験のなかでもYPARは非常にユニークだと感じた。以下にその理由を五
つ挙げていく。

（1）エイジェンシー[(1)]

　日本の多くの移民関連プロジェクトは、移民を構造的な被害者として捉えて
いるように思う。移民を支援が必要なかわいそうな存在とし、短期的な支援を
提供するプロジェクトが多い。このようなプロジェクトは、移民の個人に与え
られた尊厳と権利を十分に理解しているとは思えない。しかし、YPARは、移
民の若者を、彼らが住む社会の全体的な構造に影響を与えることができる能動
的なエージェントであると考えている。YPARは、移民という、脆弱なグルー
プの苦しみをよく理解するために、移民の若者をプロジェクトのお飾りではな
く、中心に据えている。移民の若者の周りに多くの関係者も巻き込み、移民の
若者が自らのエイジェンシーが発揮できるようにエンパワーすることを試みて
いるのだ。具体例を挙げると、大学の研究者やNPOの活動家が、移民の若者
たちに、研究スキルを身に付けられるように工夫している。このプロジェクト
で獲得した研究スキルは、将来彼らの学業に必ず役立つと思われる。移民の若
者は現在も、このスキルを活用し、同じ移民の仲間が今まで話したことがない
声を拾い上げ、解き明かしているのだ。また、研究には反映されにくい、移民
の若者たち同士の気楽な対話や議論は、彼らがホスト社会における自分たちの
立場をよく理解するのに役立っている。

（2）参　加

　これまで参加したほとんどのプログラムでは、「日本化した多文化共生」の

---

(1)　エイジェンシーは、行動を起こすための意思決定を意味し、幅広い領域を横断する大きな概念
　　である。本文では、OECDのFuture of Education and Skills 2030の「自分の人生と周囲の世界
　　にポジティブな影響を与える能力と意志」という定義を使用している。https://www.oecd.org/
　　education/2030-project/teaching-and-learning/learning/student-agency/（最終閲覧2021.9.30）

名の下で行われており、プロジェクト全体の設計を決定するのは、日本人の主催者であり、移民の参加は制限されていることが多かった。YPARはこの点でも、違っている。YPARには、日本人と外国人のメンバーが参加していたが、徳永先生の統括の下、移民の若者がプロジェクトの設計の中心的役割を果たしている。このようにYPARは、移民の生活実態を解明するために、移民と共に、移民のために、そして移民によるプロジェクトを目指している。つまり、YPARでは、移民たちは、今までのプロジェクトでは与えられなかった、積極的にプロジェクトに参加する機会が与えられている。⁽²⁾

(3) 柔軟性

　YPARには、仕事に関する倫理観のずれに対する柔軟性があるように思う。移民が暮らす日本社会には、異なる文化的背景からくる異なる価値観が存在している。例えば、私の視点から見ると、日本では、多くの場合、会議の時間や、打ち合わせ内容などを詳細に決めておくことを非常に重視する。そして何回も確認をして、打ち合わせをする。しかし、移民にとっては、このような「日本人」の期待に応え、それに従って行動することが難しいと感じる場合が実は多いのだ。これは、文化的な衝突を引き起こして、プロジェクトに影響を与える可能性が生じる。

　これに対して、YPARの特徴は、鍵となる役割を担う人物の柔軟性が優れていることである。例えば、プロジェクトのメンバーや参加者のなかには、ビザの問題などの家族に関わる緊急な用事で、既に設定されていたミーティングから何の連絡もなく来られなくなる人も少なからずいた。しかし、ミーティングに残ったメンバーはそのような急な変更にも柔軟に対応するのだ。このことは、プロジェクトメンバーがYPARで築いた妥協点をよく示している。プロジェクトは、お互いの価値観や立場を尊重することで、スムーズに進行できたのである。

---

(2) 今回のプロジェクトでは、移民の若者たちが、大学主催のシンポジウムやYPAR報告会、香港で行われた"Education for Multicultural Futures of Asia Research" (EMFAR) Dialogue Seriesなどで発表を行った。

(4) 関　係

　移民を対象としたプログラムの多くは、日本の主催者と移民の参加者との間に、見えない上下関係が存在するように思う。このような提供者と受益者という構造は、両者の間の効果的なコミュニケーションや情報共有を妨げることになる。しかし、YPARでは、移民の若者を含むさまざまな関係者の間に存在するのは、フラットな関係である。これにより、非生産的で儀式的な話を減らし、リラックスしたかたちでお互いに交流する機会を得ることができる。私自身も、いつもなら丁寧なメールを書くことに時間を費やすところを、Messengerなどの SNS を使って素早く率直なコミュニケーションを取っている。これによって私は、ターゲットグループで直面している課題をよりよく理解することができるのである。

(5) 言　語

　移民を対象としたプログラムの多くは、対象者が重要な情報を理解しているかどうかにかかわらず、専門的な用語を多用した日本語が使用されているように思う。日本語でのコミュニケーションが可能な参加者との間でのみ交流が行われ、他の参加者が取り残されることが散見される。言葉の壁は、プロジェクトの目的とその実現の間のギャップを広げる可能性がある。しかしYPARでは、参加者の誰もが、正しい日本語にこだわらず、自分の使いやすい言葉で表現していた。時には日本語と英語が混ざった「ジャパングリッシュ」を使って自分の心の内を表現する場面も見受けられた。

　次に、いつも活動を共にしている田畑さんから見た YPAR についての洞察を紹介する。

❷「日本人」の視点から見た YPAR

　私（田畑智子）は、これまでジョシさんとさまざまな移民関連のイベントやワークショップに参加する機会があった。「日本人」でありながら、移民の目を通して日本社会を見る体験は、毎回さまざまなことを考えさせてくれる。今回は、「共同（cooperate）」と「協働（collaborate）」について考えてみた。

　共同（cooperate）と協働（collaborate）という言葉は、日本語でははっき

りと違いが意識されないように思う。しかし、英語ではかなり意味が違っている。「共同」とは、ある課題について、解決策がある程度決まっており、それに従って役割分担し、課題を協力して解決していくことを意味する。産業基盤社会では、役割分担をして課題を解決していく方法は、非常に効果があった。特に「日本人」は、役割分担により、仕事を効率化するのが得意である。我々は、バーベキューをする時にでさえ、参加者に役割分担をして、「共同」してバーベキューをするのである。「共同」は、日本のなかで、仕事に限らず、部活やPTAから、町内会まで広く浸透しているといえる。

　一方「協働」の方は、日本では一般的でないように思う。「協働」とは、ある課題があり、その解決策をそれぞれの立場で考え、対話し、議論して解決策を探り、協力していくことを表す。「協働」では、価値観の衝突や葛藤などを通して新しい智恵を創造していくことが目指される。現代では、「共同」よりも「協働」の方が多く求められるようになってきている。なぜなら、現代の課題は、解決策がよく分からないことが多いからだ。気候変動に代表されるように、現代の課題は、複雑な問題が絡み合っているため、簡単な解決策を提示することが難しいのだ。

　さて、これまでジョシさんと参加してきた移民関連のイベントでは、主催者が移民の参加者に、「共同」することを求めることが多かったように思う。しかし、今回ジョシさんが参加したYPARでは、移民に「共同」を求めるのではなく、「協働」の場を提供している。これは、日本ではとても貴重なことである。YPARでは、さまざまな「協働」により、均質的な価値観や固定的な視点からは見えてこない、社会を変える知恵や力が生まれてきているように思う。移民に寄り添って日本社会を考えてきた者として、YPARが提供するような「協働」の場が、日本に広がっていくことを願ってやまない。

❸ 結　論

　このように、本プロジェクトは、従来の研究手法のように、新しい学術的知識を生み出すことのみに焦点を当てたものではないことが理解できたと思う。YPARは、対象となるグループの存在に、影響を与えるための積極的な参加、関与、エンパワメントに重点を置いたものとなっている。したがってYPARは、

草の根レベルからの移民の若者の事例を理解することにより、彼らと社会をつなぐ道を開いているといえる。YPAR参加者はプロジェクトの過程でエイジェンシーを発揮できるように設計されている。これにより、移民社会の知識が豊富な移民の若者のリアルな声をくみ上げ、移民政策決定に影響を与えるような情報を提供している。しかし、YPARは全ての課題を解決する方法ではない。YPARのプロジェクト設計で大切なのは、プロジェクトを引っ張り、全体を俯瞰する監督者である。監督者が、どのあたりまで参加者に権限委譲をするのか、どのあたりまで役職の垣根を取り払うかは、難しい判断である。失敗を恐れて、踏み込まなければ、YPARの価値はないに等しい。かといって、権限を与え過ぎたり、垣根をまったくなくしたりしてしまうと、プロジェクト自体が崩壊する危険性がある。もし、プロジェクトをうまく仕切ることができれば、YPARは、パンデミックのような予期せぬ危機のなかでも、社会に新たな希望の光を与えることができると考えられる。

ユースの今に期待するということ

コラム
6

YPARにおける大人の変容が与えるインパクト

渡邉慎也

❶ 学校現場での困難さとYPARとの出会い

　私がNPOに身を置き、日本に住む外国にルーツを持つ高校生の支援事業に関わり始めて2カ月。学校という場所を軸として見た時の彼・彼女たちの中退率の高さや高校卒業後の進学・就職率の低さ、そしてそれに関わる言語や制度の壁を理解するので手いっぱいだった。学校内の配慮や支援だけでは限界がある現場の感覚や、社会構造への課題感を感じながら、学校外にいる立場として先生方や社会にどう働きかけることができるか模索していた。それと同時に、当事者である生徒自身がどういう意識や考えを持ち、行動をしているのかを知る難しさを感じていた。どうやったら当事者自身が声を上げることや、学校や社会と一緒に未来をつくることに参加できるのだろうか？　そう考えていた時に、生徒たちや大人たちが同じ立場になって取り組む研究手法の若者参加型アクションリサーチ（youth participatory action research: YPAR）に出会った。

　YPARは「若者自身が自分たちの生活に基づく問題を特定し、問題を理解するために調査を行い、研究調査の証拠に基づいて社会に変化を訴えかけること」を軸にした研究手法である（Ozer, 2016: 190）。その考え方は、日本に住む外国ルーツの生徒と関わりを持つ上で可能性があると感じた。

　当事者（特に社会的マイノリティの人たち）が訴えることから、研究や政策への社会的変化が実際に生まれていることは、事例を見ていても理解できた。私自身も韓国人と日本人のハーフとして、そして香港で高校生まで過ごしアメリカでの大学生活や放課後教育プログラムをつくっていた身としては、経験としても感覚があった。若者を中心としたエスニックコミュニティが学問の追求の在り方や政治運動に影響を与える光景は、私のなかの日常の一部としての姿でもあった。YPARの手法は、「でも、日本において若者たちがそのような力を身

に付けるまでに、教育に携わる大人はどのような支援をしていったら良いのだろうか？」と自分自身への問いに対しての、一つの答えのように思えた。

❷ 新しい手法への戸惑いと気づき

　2020年の新型コロナウイルス感染拡大とともに、外国にルーツを持っている生徒との接点が持てる日常の居場所とされてきた学校やバイト先へのアクセスさえも困難になっていた。その生徒たちへアウトリーチをするためにも、コミュニティで既につながりのあるユースの先輩を基点とする必要性を感じた。プロジェクト自体も、NPOが高校生の頃からつながりのあった現大学・専門学校生二人をユースリサーチャーとしてプロジェクトに関わってもらうための声掛けから始まった。徳永智子先生、パオロさん、アルジュンさん、そして私が各々の家からオンラインでアクセスし、お互いの自己紹介から始まった初回は、不安が少なからずあった。「どうやって対話したら、若者が主体となっている研究のかたちになるのだろうか？　そしてそもそも日常の生活が大変であろうなかで、彼らは一緒に研究に興味を持ってくれるのだろうか？」と思い詰めながら、プロジェクトについての説明をし、研究の中心となる問い（リサーチクエスチョン）をつくっていくために、新たにユースリサーチャーとなった二人が緊急事態宣言下での生活の変化やそのなかで感じていることについて振り返り、次回までに考えをまとめることを約束して終えた。

　2回目のミーティングでユースリサーチャーたちがそれぞれ経験してきたことを話し始めた時、私が懸念すべきところは研究ができるかどうかではないことに気づいた。彼らの日常の時間の過ごし方の変化から始まり、自身の人間関係の変容やニュース・ソーシャルメディアで得る情報の気づき方など、多岐にわたる個人的経験を語る姿があった。ユースリサーチャーから出てくる自身の周りの環境の気づきと、それに影響されている自分の感覚に対しての振り返りがあるなかで、研究の中心となる問いが短い時間のなかにいくつも出てきていた。そして彼らは同時に、自分たちに与えられたユースリサーチャーの視点で考え始めていた。ただ自分たち自身に対しての気づきだけでなく、自分の身の回りの人や社会に、どのような生活や環境の変化があったのかという好奇心や疑問の種を持ち始めていた。

　協働でプロジェクトを進めて行く上で私ができたのは、どうやって研究における役割をユースリサーチャーたちに譲り渡すことができるのかということだった。研究や経験知が大学や大人の有識者から創造されるものだけでなく、若者たちが既に持っている知（ナレッジ）や経験から組み立てていくことによって、当事者の視点からの社会への変容のかたちが提示される可能性を感じた。例として、このプロジェクトで私の印象に残っているテーマの一つは、新型コロナウイルス感染拡大の状況で家族と過ごす時間の変化、そしてそれに伴う自分の心境への影響をユースリサーチャーが大事な経験として認識していたことだった。そして、その経験をもとに身近にいる家族や海外に住んでいる家族・親戚の状況を把握することを質問項目の一つとして設定し、インタビューを実施する際にもユースリサーチャー自身の経験や気づきを含めてインタビューの対象者と対話している姿があった。

　インタビューを通して、ユースリサーチャーたちは当事者として高校生や他の若者と共に自分たちの生きる経験を、社会に訴えるための言葉に変換していた。その様子は、問いをもとに自分たちの意識の在り方を探り、研究の過程を通した成長と変容の機会をつくっているように見えた。そして、外国ルーツの子ども・若者に対して学びの機会を提供するNPOにいる者としては、彼・彼女たちに「何が必要か」であったり、「何が足りていなく、補強する必要があるのか」という（必然的に）欠如モデルになりがちな支援活動の思考だけでなく、彼・彼女たちが「何を持っているのか」の有効モデルから始まる機会提供の可能性を感じた。

❸ 共に積み上げて考えていく手応え
──外国にルーツを持つ若者の支援の在り方

　若者や当事者を「支援される側」として捉えず、彼・彼女たちの強みを認識することや、学校や社会側が一緒に変わっていく意識を持つ在り方はどうつくるのだろうか？　YPARが研究の手法として、そして若者を中心とした社会変容を促す考え方として始まったアメリカでは、地方自治体やエスニックコミュニティや社会課題に基づくコミュニティ団体、NPOや大学などが多岐に連携している場合が多い（Caraballo et al., 2017）。大人と若者が共創する意識をつく

るためにも、若者に対しての期待を込めるための場の設定を大切にしていることがうかがえる。YPARモデルが示唆することは、研究を始める過程から若者自身がインプットやアウトプットを行うことを前提にすることや、地方自治体のプロジェクトの座組で若者が判断や行動を起こすことを前提とすることで当事者のコミットメントを上げることだと思う。若者とコミュニティに根付いたプロジェクトは、その地域全体を巻き込み、今まで焦点の当たることがなかった人々や問題に対しての取り組みにつながっている事例も多い（Nolan et al., 2021）。

　だが、連携がないとYPARのような若者を中心とした社会変革の活動ができないわけではないとも感じた。例えば、一つの高校のなかで小さく始めることもできると思う。実際に、今回のYPARのプロジェクトの後に、都立一橋高校定時制の部活（ONE WORLD）の時間でもその取り組みに近いことを生徒と始めている。

　きっかけは、当時高校生だった外国にルーツを持つ生徒のSさんと進学についての対話をしている時だった。彼女は自身の言語能力についての不安があり、進学をそもそも志すべきかどうかを口にしていた。Sさんの不安がなぜ生まれたのかを聞いていくと、日本に住んでいる外国人としての経験として、彼女が日本語を話すと笑われたり、母語を維持することと同時に新しい言語を学ぶことへの周りからのプレッシャーのなかで勉強する難しさがあることを共有してくれた。生徒が直面している体験を聞いた時に、私は彼女の体験が多方面からの「マイクロアグレッション」を感じている人の経験とつながりがあることを指摘した。対話をしながら、参考文献を一緒に探しながら言葉の定義を確認した。「日常の中の小さな場面で、意図的か否かにかかわらず、マイノリティ側が受ける他者からの言葉や偏見、否定的な態度。明確な差別やヘイトとは違い、マイクロアグレッションを行ってしまう側はその行為や発言の意味に無自覚である可能性がある」（Limbong, 2020, 筆者訳）。Sさんは「無自覚」という言葉に強く納得し、自分自身が体験していることを他者に伝えることの難しさへの理解を感じ始めた。こうやってSさんが感じていることをプロジェクトとして取り組み、外国にルーツを持つ若者たちの経験や話を聞いてみることはどうかと生徒に持ちかけたところから、彼女のプロジェクトはスタートした。

　そのプロジェクトを通して、たとえスケールが小さくとも、YPARのような

活動を実践するために大事なのが、ユースリサーチャーの役割を通して当事者の意識を内側から外側に向けることだと感じた。対話を一緒に積み上げることを通して、ユースの支援につながる行動を共に取っていく。大人とユースリサーチャーが当事者自身の体験について共有したり調べている過程で、ユースリサーチャーに起こっていることが一個人の体験だけでなく、他の人にもある経験であったり、より大きなテーマ性を持つ問いにつながっていくことが大事だと感じた。若者が考えていることや、感じていることが社会の仕組みや事象につながっていることの認識を得た時に、若者がユースリサーチャーとしてそれを追求する役割を得るのではないかと考える。

　また、個人の気づきや社会側の変容を求めるための具体的な行動（アクション）を想定し続けるのが、社会的インパクトだけでなく若者自身・大人自身への影響につながる前提だと思う。他の人に自分の考えや調べたことを共有することや、それを通して人が行動を見直すことに対してのアクションを起こす社会的相互作用の機会を生み続けることは、YPAR のような活動の前提だと思う。その積み上げが、若者と社会の間でお互いにとっての新しい気づきや、若者が自身の行動によって社会を変えることの実感と肯定感の醸成につながるのだと考える。

　ユースリサーチャーとしての役割を大人と若者で協働でつくっていくことは、大人が若者の支援者として理想的な若者の未来に漠然と期待することではなく、彼・彼女たちの今の姿から期待をつくっていくことなのではないかと思う。

【参考文献】

Caraballo, L., Lozenski, B. D., Lyiscott, J. J., and Morrell, E. (2017). "YPAR and Critical Epistemologies: Rethinking Education Research", *Review of Research in Education*, 41(1), 311–336. doi: 10.3102/0091732X16686948

Limbong, Andrew (2020). "Microaggressions Are A Big Deal: How To Talk Them Out And When To Walk Away", National Public Radio, June 9th. https://www.npr.org/2020/06/08/872371063/microaggressions-are-a-big-deal-how-to-talk-them-out-and-when-to-walk-away（最終閲覧 2022.7.15）

Nolan, James E. S., Eric S. Coker, Bailey R. Ward, Yahna A. Williamson, and Kim G. Harley (2021). "Freedom to Breathe": Youth Participatory Action Research (YPAR) to Investigate Air Pollution Inequities in Richmond, CA *International Journal of*

Environmental Research and Public Health 18(2), 554. https://doi.org/10.3390/ijerph18020554（最終閲覧2022.9.19）

Ozer, E. J. (2016). "Youth-led Participatory Action Research: Developmental and Equity Perspectives". In S. S. Horn, M. D. Ruck, & L. S. Liben (eds.), *Equity and Justice in Developmental Science: Theoretical and Methodological Issues* (pp. 189–207). Elsevier Academic Press. https://doi.org/10.1016/bs.acdb.2015.11.006（最終閲覧2022.9.19）

YPARプロジェクトに参加して

ユースリサーチャーの視点から

パオロ

シャ・アルジュン

（聞き手：渡邉慎也、徳永智子）

> 2020年6月30日。東京都立一橋高校定時制を卒業し、それぞれ専門学校と大学での生活が始まったばかりの外国にルーツを持つ若者二人。新しい生活が始まった矢先に、新型コロナウイルス感染拡大の影響で、準備を進めてきた日常は中断され、緊急事態宣言のなかで体験したことのない環境に置かれた。学校や職場での居場所、家族との時間、友人たちとの関係、インターネットやテレビからのニュースが一変したなかで、彼らが体験したことをもとに、日本で暮らす外国にルーツを持つ若者の状況を理解するための研究プロジェクトが始まった。プロジェクトに参加し、彼らは何を感じ、何を学んだのか。パオロさんとアルジュンさんの振り返り対談を収録した。

❶ 若者参加型アクションリサーチ（youth participatory action research: YPAR）プロジェクトを振り返って

アルジュン　YPARプロジェクトは私にたくさんの機会を与えてくれ、それにより研究者としての新しい面を体験することができました。最初、研究者とは実験に多くの時間を費やす人のことを意味すると思っていたのですが、それだけではないということを知ることができました。インタビューや情報の収集、記事の作成、写真の収集など全てが「研究」の一部だと思います。今まで知らなかったけれど。

　新型コロナウイルスの影響での自粛期間中、大学の授業がオンラインになったので、大学に通うこともなくなり、たくさん自由な時間ができて、どうすればいいか分かりませんでした。徳永先生がYPARプロジェクトに参加しないかと誘ってくれた時、ワクワクしました。まず最初は、パンデミック

に関するニュース、記事などの情報を収集したり、自分の体験について振り返っていきました。それから、私は状況の自己報告書を作成し、私自身の研究トピックを考えることを任されました。私は「メンタルヘルス」に着目し、多くの人への影響があったことを考えながら、それに関してのトピックを選択しました。

　YPARプロジェクトを1年間続けられたのは、個人的に何かを途中でやめるのが苦手だからです。最初は（大人から与えられる）方向性も何もなくて、何をしたらいいか分からなかったです。少し時間がたって、ようやく自分の役割が理解できて、楽しくなってきました。特に同じ生徒や学生たちにインタビューをするのが面白くて、たくさんのことを学びました。研究で集めたデータを発信することがリサーチャーの役割だと思うようになりました。このような経験は将来も役立つのでやる価値があると思います。

　自粛中、リサーチャーとしてこのプロジェクトに参加していなかったら、大幅に生活が違っていたと思います。大学の活動が全てオンラインだったので、同級生たちと関わる機会もなく、一人でたくさんの時間を過ごしていたと思います。

❷ 自分の役割を通して知った「研究」の意味

アルジュン　たくさんのことを経験した後、私が思っていた研究者の定義は大きく変わったと思います。実験する人というだけでなくて、情報を収集し、その結果を発表する人もいます。何かを研究することは、そのための強力な情報源と動機があるかどうかにかかわらず、必ずしも特定の資格を持っている必要はありません。

パオロ　研究は、自分が知らないことを探し出すことだと思います。研究をやる時に、答えを見つけるためにいろいろな方法で問いに対しての答えを探しますよね？　調べたり、情報を集めたりするじゃないですか。その情報を集める上で、自分の知識がもっと広がるんじゃないかなと思っています。それでもっと自分の知識を広げることで、自分でも情報を選べるようになって、世の中でもいろいろなことを知っている状況になると思います。

アルジュン　パオロは「研究することは話の両面を見つけることだ」って言ってたよね。「裏を探るって感じ」ってよく言っているよね。最初の印象を持ってから、両面を探しに行くみたいな。自分の意見を持つことができるように、全体の話が何なのかを見極めるみたいな。

パオロ　そうだね。人それぞれの違った視点を全部見ていくみたいな。一つのコンテンツや面だけを見なくてよいみたいな。

アルジュン　研究って、より深い理解をするためにしているものだと思います。例えば、私たちの研究は、新型コロナウイルスの自粛期間中での、生徒や学生への精神的側面や身体的側面への影響を理解することです。その調査を行うには、それについて見つけたデータを分析する必要があります。全ての情報を入手した後、情報をまた分割したり、カテゴライズしたりして分析した後、ようやく私たちは自身の意見を言うことができます。

　そして、YPARで作ったウェブサイトのように、私たちの意見を一般に共有することができます。段階的に進めていくような感じで。研究をするということは理解することだと思います。既に研究されていても、新しい角度を見つけることができるかもしれないので、研究はしてよいと思います。それが研究です。

　そんな感じかな。他の人が既に見たのと、同じものを見ることができ、それについて自分として新しいものを見つけられること。それぞれの状況や物や何かに対する新しい角度や新しい視点を見つけることかもしれません。

❸ インタビューの答えに対して感じたこと

パオロ　彼らの答えを聞いて、自分も（彼らが実践していたことを）やってたらよかったなって思ったかな。インタビューで先輩が「自粛中にゲームをしたりして楽しんでるよ」と言ってて、それを聞いて「あ、ゲームね。確かに。自分もしようかな」と思った。自分もやってみて、ちゃんと共感ができるかどうか。自分は共感できたんですけど。

　要は自分がただインタビューして、その情報を集めるだけじゃなくて、

やっぱりその（人の）気持ちも分からないと、理解できないですよ。どんな感じなのか、本当なのかみたいな。人それぞれ違うんだなって。気持ちの違いと、その人の性格と習慣の違い、考えの違いは分かってるけど、実感していないから分からない。自分でやんないと。だから実感することが多分大事だと思います。

渡邉　なるほどね、すごくいい言葉だと思う。実感しないと分からないとか、パオロくんが今しゃべってくれたことで言うと、知識ではすごく理解してるわけじゃない。「人ってすごく違う」っていうこと。でも実際にインタビューをして、その人がどういう気持ちでそういうことを言ってるのかとか、自粛生活とか、新型コロナウイルスについて、この人はこう考えてるっていうことをその人が実際に口に出すまでは分からないっていうか。

パオロ　そうですね。

❹ 若者が感じた自分自身の変化

パオロ　どう変わったかって。インタビューして、ネタを作るというか、いろいろ聞く。インタビューするのにいろんなこと聞かなきゃいけないじゃないですか、答えに近付くために。だから好奇心を持って、自分の経験も踏まえて、人に「どうだった？」って聞いて、どんどん会話を続けるのをネタというか、会話自体どうやって続けるのかを通して、インタビューの技術を身に付けたみたいな。

　まだ大したものじゃないけど、一応研究前にはすぐパッと思い付く。例えば質問とか聞かなきゃいけないものをパッと思い付くぐらいのレベルにはなったんじゃないかなと思いました。必要な要素を聞くみたいな。ただ会話してるだけじゃなくて、必要な要素を考えながら聞くみたいなのが多分変化があったかなって思いました。

　そして、普段でも友達に「自粛期間中どうだった？」みたいな（質問をして）。それで「まったく」みたいな、「平気だよ」みたいなのを、すぐ「違う」と言わないようになった。（僕と）共通しないけど、理解できるみたいな。ディスるより、相手の気持ちを分かってるみたいな。批判するより理解

する。

徳永 今回このインタビューした子たちが、みんな外国ルーツの高校生とか専門学校生だったと思うんだけど。彼らに対して、実際にYPARをやるなかで、自分はこういう役割を持ちたいとか、こんなことをしていきたいとか思ったことありますか？

パオロ そこは多分、自分が今までインタビューしてきたことを振り返りながら、その人にアドバイスしたり、「これやってみたらどうなの」みたいな、要はいろんなアドバイスみたいなのを多分できるんじゃないかなと思って。

気付いたこと、考えたこと。（高校の）授業に行って、先輩という立場になって、結構責任ではないけど、後輩をサポートしなきゃいけないなと。自分も経験してるから、それをもっと、普通に若者だから世の中のことをあまり考えていないと思うから、それを考えさせて、知識を広げる（ような）。

授業の時に、自分の同期と一緒に活動していて、自分がそのグループを担当してたんですよ。担当を任されて、それで一緒に考えてあげたりとかしたんですね。自分の経験も含めて、（それを）踏まえて、シェアをして、その人の知識を広げるみたいな。広げることで授業が進むみたいな。自分がそこに、YPARのリサーチャーとして共有ができて、その人の知識を広げたみたいな感じ。授業を進めたっていう感じかなと思います。

❺ YPARを通して、社会に伝えたいこと

パオロ 伝えたいのが、（日本に住む）外国にルーツを持つ人って、ほとんどバイトじゃないですか。このYPARの一部を参考にしながら伝えたいことは、日本に住んでる外国にルーツを持つ人がどんなふうな生活をしているのかみたいなこと。

自分の国にいないから、日本語に困ったり、文化の壁であったり、日本語とか仕事に関することとか。だからどういうふうに困ったのかを伝えたいのかなと思って。それでみんなも、ニュースだとやっぱり日本のことしか言わないじゃないですか。

だから外国人も、どういうふうに困ってるのかを知らせるみたいなのも、

自分の国のことだけじゃなくて、やっぱり外国人もいるから。他人のことを
考えることも大事ということを伝えたいです。

＊2021年1月7日と9日にオンラインでの振り返りセッションを行い、その一部を
収録した。対談は、英語と日本語でコードスイッチしつつ進行した。表記は日本
語に統一した。

第Ⅲ部

実践からアドボカシーへ

定時制高校での外国ルーツの生徒支援から
政策提言へ

海老原周子

1 ●現場へ飛び込み、若者たちの困難を痛感

（1）定時制高校で出会った彼女の一言から

　外国ルーツの若者と関わるようになり、彼らのポテンシャルを感じる一方で、現場ではどうしようもない制度の壁をも感じていた。一般社団法人kuriyaの初期の活動は、アートを通じた多文化交流ワークショップであったが、実施するワークショップが100回を超える頃に感じたのは、ワークショップでは積極的な活動をしている高校生や若者たちが、高校を中退してしまったり、高校卒業後の具体的な進路が見出せずにアルバイト生活を送っている様子だった。経済的な事情から大学進学を諦める子たちの存在もあった。アートを通じた多文化交流だけでは、解決できない問題を目の当たりにすることになり、もっと教育に焦点を当てていきたいという思いが強くなっていた。

　本書の第1章で紹介されている東京都立一橋高校定時制での居場所づくり（多言語交流部＝ONE WORLD）、そして第4章にまとめたインターンシップ・プログラムの実施も、若者たちにキャリア教育の必要性を感じたことから始まったといえる。

　一つずつ、活動を積み上げていくなか、手応えも感じている一方で、さらに見えてくる課題に現場で対応していくことへの限界を感じた出来事があった。

　定時制高校で出会ったその生徒は、いつも何事も意欲的に取り組むチャレンジ精神の持ち主だった。中学校2年生の時にフィリピンから来日して日本の中学校に通い始める。高校受験の試験や面接には、当時まだ読み書きがつたなかった日本語で臨んだというが、出会った頃は既に日本語も流ちょうに話していた。英語に関しては母国のフィリピンにいた頃から教育を受けていたので非常に得意として、読み書きのレベルも十分であった。kuriyaの活動にも積極的に参加してくれていた。特に何かを企画したり、生徒へ呼びかけたりといった広報的な役割やイベントの企画運営でその能力を発揮している。その生徒は、意欲的な活動を通じて将来の目標を見つけ出し「マーケティングの仕事やPRの仕事に就いてみたい」と目を輝かせて話してくれていた。ポテンシャルは十分にある、近い将来そうした仕事に就くことができるだろうと期待していた。しかし、さまざまな理由から、その生徒は高校を中退し、帰国せざるを得なくなってしまう。

　その生徒の口からこぼれた言葉は、私にとって忘れられない一言になった。話をしている時に、ぽつりと「I don't belong here」消え入りそうな声でつぶやいたのだ。「私は、ここに属さない、私には居場所がない」という一言に重みを感じ、無力感を覚えた。

　いろいろな相談を受けながら、なんとかソーシャルワーカーや他の支援団体につなごうとしたが、それもうまくいかず、つなぐ先が見つからなかった。結局、彼女は高校を中退して帰国せざるを得ず、日本社会には福祉面のケアを含めてサポートできる仕組みが脆弱だと感じた。これまで出会ってきたたくさんの若者がそうであったように、親が日本へ出稼ぎに来ている家庭の子どもたちにとって日本での暮らしは経済的な余裕があるとは言いづらい。日本語を話すことができるようになって、異文化に適応しようとしても、困難を抱えるなかでメンタル面に不調をきたす生徒もいる。複雑な家庭の事情を抱える生徒もおり、外国ルーツの若者たちの前にはさまざまな壁が立ちはだかっている。現場にいる私たちの対応だけではどうにもならず、力になれなかったのだ。

　この出来事が、そして「I don't belong here」という彼女の一言が原動力になって、政策提言という行動につながっていく。

(2) 重視した「三つの壁」と仕組みづくりの必要性

これまでの多文化交流ワークショップやONE WORLDなど自身が携わってきた活動は、とても小規模で限定的なものでしかないけれども、小さな現場から発せられる若者たちの声一つ一つをすくい上げてきた。外国ルーツの生徒たちの困難に対応しきれずにいた苦い経験や、現場の活動だけでは限界を感じたことなどを社会課題として可視化する必要がある。そして、どのような仕組みが必要なのか、政府へ政策提言として届けなければならないと考えるようになっていた。現場の実情を知る者として、まず始めたのは自身がこれまでの活動で目の当たりにしてきたことを現状と課題として整理することだった。

日本で暮らす外国ルーツの生徒に言葉の壁があるという点は、分かりやすい課題として見えていたが、日本語ができないという言葉の壁以外でもさまざまな壁に直面しているという状況を整理していった。

一つは、高校卒業の壁。定時制高校での中退率の高さを肌感覚で感じていたからだ。

二つ目は進学の壁だ。例えば、定時制高校に通う外国ルーツの生徒の経済的な背景を見た時、多くの若者たちの家庭は経済的に恵まれず、自らアルバイトで学費や生活費をまかなっている。そのようななかで進学したいと願いつつも、入学金や学費を支払えず断念してしまう状況にあった。

三つ目は在留資格の壁。「家族滞在」という在留資格では、日本学生支援機構（JASSO）の奨学金給付・貸与の対象とならないことが多い。同時に週28時間という就労時間の制限もある。働く時間が制限されることで、お金をためて進学するのは難しくなる。実際に進学を諦める生徒は多く見られた。

このように、中退せずに高校卒業の壁を乗り越えることができたとしても、次に進学の壁が立ちはだかる。生徒によっては、進路実現において、在留資格が壁になってしまうという制度上の課題が存在していた。さまざまある壁を、包括的な支援で解決に導けるような社会の仕組みづくりが重要になる。政策提言には、こうした社会構造の歪みを示した上で、国として支援する制度が整っていなければならないと訴える必要があった。

2●政策提言で現場の声を政府に届ける

（1）2018年当時、背景にあった動き

　政策提言に取り組み始めた2018年の初めは、ちょうど省庁が外国人材の受け入れについて水面下で検討しているタイミングだった。日本の人口減少は周知の事実であり、10年後には労働力の減少が経済成長や社会インフラにも支障をきたすことが予想されていた。これから日本では外国人材をどう受け入れていくのか、新しい在留資格を含む総合的対応策が検討されていた頃だ。まったく政策提言の経験はなかったが、2018年から始まり、2021年にかけて文部科学省や出入国在留管理庁などへ提言活動を行ってきた。

（2）「視点の転換」を
——支援の対象としてだけではなく、未来の担い手として

　2018年2月の政策提言で行ったプレゼンテーションは「外国人材が選ぶ国、日本へ」と題した。留学生や技能実習生と並んで、既に日本で育つ外国人の子ども・若者が同じぐらい存在すること。そして、複数の言語能力や文化を持っていること。日本社会と、これから来日する外国人とをつなぐ架け橋人材となるポテンシャルがあること。さまざまな可能性を持ちながらも、彼らがその可能性を伸ばすことができずにいる状況や、彼らを取り巻く社会の壁について伝えた。

　今でこそ、メディアや新聞などの一面記事に、外国ルーツの高校生に関する現状や課題が掲載され、認識されている。しかし、政策提言を始めた2018年当時は、まだ外国人材の受け入れや多文化共生、多様性への関心は低かったのだ。なぜ政府として外国ルーツの高校生や若者への取り組みを充実させる必要性があるのか、そこから訴えなければならなかった。そこで、外国ルーツの高校生や若者を支援の対象とするだけではなく、日本の社会をつくる未来の担い手であるという「視点の転換」を図ることから取り組んだ。

　具体的には、外国ルーツの高校生の「言語の力」がある。例えば、生徒たちの母語である「中国語」や「フィリピノ語」「ポルトガル語」「スペイン語」「ベトナム語」などは、これから経済が発展するであろう地域の言葉で

| 課題 | 可能性があるのに育たない |

他国ではグローバル人材として活躍するが、日本では活躍できていない

3つの壁（高校中退・大学進学・資格制限）

1 16-18才 高い高校中退
1から2に上がる時に
40%が

2 19-22才 低い大学進学

3 23-26才 家族滞在の壁

結果 → **不安定なアルバイト**

高校・大学・新社会人1-3年目 → キャリア形成に重要なのに投資が少ない

そもそも支援がない			支援の内容の違い	英国	日本
子ども	若者	大人	挑戦の機会	人材育成	機会の空白
学習支援	支援の空白	就労支援	社会への包摂	若者支援	支援の空白
日本語支援		日本語支援	言葉支援	英語	日本語

言葉 x 社会への包摂 x 挑戦の機会がある → グローバル人材

政策提言資料

ある。「日本語指導が必要な生徒」とも呼ばれる高校生たちは、現時点では日本語ができないかもしれないが、別の視点から見ると、日本語以外の言語ができる生徒たちでもある。

　これからの日本にグローバル人材が足りないという大きな課題がある。にもかかわらず、このような言葉の力を持った若者たちのポテンシャルを活かせていない状況があるとして、データを取り入れながら可視化していった。来日したばかりで日本語を得意としていない生徒も適切な日本語教育を受け、母語の教育も継続して受けることができれば、いろいろな言葉を使うことのできる人材になる可能性は大きくなる。

　支援制度を考える時に「できる」ことよりも「できない」ことに焦点を当ててしまいがちになる。そうではなく、若者たちが持つ能力に着目し議論する方向に持っていくことを、政策提言では重視してきた。

（3）課題を「見える化」することから

　外国ルーツの高校生や若者に対して、日本の社会をつくる未来の人材であるという視点の転換を図る。それにもかかわらず、彼らの可能性が発揮できていない状況があるという文脈をおいた上で、課題が山積みとなっているなか、優先順位をつけて、課題とその対応策を伝えていった。

| 提案 | グローバル人材を育てるために 2020 年までにできること

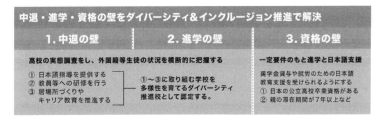

政策提言資料

　まず、最初に訴えたのは、実態の調査だ。先に挙げた「三つの壁」の一つ、高校卒業の壁である。外国ルーツの高校生の中退率について、全国的な状況を調べることから始めた。当時の調査や統計では、日本人生徒を対象としたものはあったが、外国ルーツの生徒のみを対象とした中退率の調査や統計は存在していなかった。

　定時制高校での部活動を通じた居場所づくりやキャリア教育は、熱心なNPO団体や大学の先生方がいたからこそ実践できていた。しかし、部活動に来ることができない高校生や居場所のない若者もたくさんいる。そうした子たちは相談すらできず、支援を受けられないまま中退者となってこぼれていく現実があった。フィリピンへ帰国してしまった生徒のように、居場所を持ち、将来の目標を見つけても、乗り越えられない壁に直面してしまって諦めなければならない現状がある。

　しかしながら、2018年1月当時、外国ルーツの高校生の中退率は、調査されておらず、肌感覚で感じていた課題を裏付けるデータがない状況だった。課題を可視化するために客観的なデータを示す必要がある。

　そこで、文部科学省に対する政策提言で、実態調査の必要性と具体的な項目を提案した。ちょうど2018年は、文部科学省が「日本語指導が必要な児童生徒の受入状況等に関する調査」を実施する年であった。戦略的にそのよ

うなタイミングも見越して、調査項目に中退率や進学率、卒業後の進路状況について加えてもらえないかと交渉した。

幸いなことに、文科省側の尽力もあり、調査項目として、それらを加えてもらうことができた。その結果、日本語指導が必要な高校生等の中退・進路状況（表6-1）は、全高校生等と比較すると中途退学率でおよそ7倍、就職者における非正規就職率では約9倍、進学も就職もしていない者の率で2.7倍高いことが分かった。また、進学率では全高校生等の6割程度という状況が明らかになった。

表6-1　日本語指導が必要な高校生と公立高校生の中退率と進路状況

	日本語指導が必要な高校生	公立高校生	日本語指導が必要な高校生は全公立高校生と比べて
中退率	9.6%	1.3%	▶7倍以上の割合で中退
進学率	42.2%	71.1%	▶進学率は約6割
非正規就職率	40.0%	4.3%	▶約9倍の確率で非正規就職
進学も就職もしていない者の率	18.2%	6.7%	▶約3倍の確率で進学も就職もしていない

出所：文部科学省, 2020をもとに作成

調査で明らかになったデータは、新聞記事などでも取り上げられ、現状の困難さを可視化するものであった。

どうしてもデータとして、課題を可視化したかったのは、次なるねらいがあった。さまざまある壁を包括的な支援で解決に導く社会の仕組みをつくりたいという気持ちがあったからだ。そして、次の提言として政府の補助事業や在留資格の要件緩和などにつなげていった。

(4) 2021年までに実現した取り組みのまとめ

課題を可視化すること、視点を変換することを含め、これまでの「外国籍等高校生・若者に対する取り組み」をまとめたものがある。

　流れに沿って説明すると、①「中退の壁」については実態調査を実施し、中退率は約7倍・進路未決定率は約3倍という課題を可視化したことは前述の通りである。

　調査による課題の明確化に加えて、②の「進路の壁」に取り組むべく、外国ルーツの高校生のための制度的支援の仕組みづくりも提案した。外国ルーツの高校生が抱える複合的な課題に対応するために、解決策として行った提言の要点は、高校段階での支援の充実と日本語だけにとどまらない包括的な支援策。外部団体とも連携しながらチームで包括的な支援体制を進めていくという内容である。日本語教育に加えて、キャリア支援や相談対応など包括的な支援体制構築の必要性を提案した。

　この包括的な支援体制の発想は、自らの悔しかった経験がベースとなっている。本章の冒頭に言及した政策提言のきっかけとなった高校生に対して、どのような支援体制があったら、中退せずに済んだのだろうかと、具体的にその生徒のことを思いながら考えていった。学校内の生徒の居場所として、放課後の部活動のみならず、もっと福祉面での支援としてスクールソーシャルワーカーとつながることができていたら。またキャリアなどの進路対応をはじめ、学校内外でのサポート体制があったならばと。悔しい気持ちを抱え

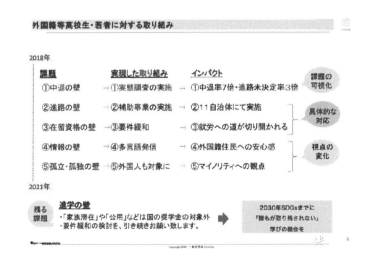

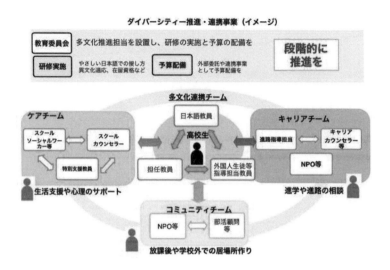

ダイバーシティー推進・連携事業（イメージ）

ながら提案内容をつくっていった。その時に、ヒントとなったのは、アメリカでの実践だった。日本では、まだ外国ルーツの高校生の受け入れ体制が弱く、先例が少ないなかで、移民を多く受け入れている海外の高校では、どのような支援体制があるのか調べていた。運よく、当時の一般社団法人kuriyaの理事であった方の親御さんが、アメリカの高校で校長先生として働かれていた経験のある方で、移民の高校生が来た際の支援体制についてオンライン会議で教えてもらうことができた。そういった海外の事例を調べるなどの取り組みを経て、提案をつくっていった。

　提案の結果、2018年12月25日、外国人材の受入れ・共生に関する関係閣僚会議で「外国人材の受入れ・共生のための総合的対応策」が決定した。その概要には、「我が国に在留する外国人は近年増加（264万人）、我が国で働く外国人も急増（128万人）、新たな在留資格を創設（2019年4月施行）。外国人材の適正・円滑な受入れの促進に向けた取組とともに、外国人との共生社会の実現に向けた環境整備を推進する。今後も対応策の充実を図る」（法務省、2018）としている。生活者としての外国人に対する支援として、暮らしやすい地域社会づくり、生活サービス環境の改善等、円滑なコミュニケーションの実現などが挙げられるなか、前述した②「進路の壁」に対する、包括的な支援体制の整備事業においては、外国人児童生徒の教育等の充実のた

めの地域企業やNPO等と連携した高校生等のキャリア教育支援、就学機会の確保に対する2019年度予算の措置額は1億円とされている。補助事業の一環として、包括連携体制整備事業として、取り組みが始まることとなった後、補助事業を11の自治体で実施している。

　③「在留資格の壁」については、出入国在留管理庁に対して政策提言を行っている。「家族滞在」と「公用」の資格は、就労時間が制限されていることや政府からの奨学金の対象外であることなど、就労や進学といった進路選択における課題が存在していた。具体的に現場の課題について提言し、後述するが、在留資格の切り替えに関して要件が緩和されることとなった。残る課題、「進学の壁」には在留資格である「家族滞在」や「公用」は国の奨学金の対象外となっていることから要件緩和の検討が必要であると提言した。

　④「情報の壁」については、多言語発信によって外国人住民への安心感をもたらすことができるという視点の変化を訴える。近年のコロナ禍においては、厚生労働省にいち早く多言語発信をお願いすることから始めた。外国人の家庭にはなかなか届かない給付金の情報などを多言語化する必要がある。同時に、kuriyaでは東京在住の外国ルーツの生徒とその保護者を対象としてアンケート調査を実施していた。新型コロナウイルス関連の情報をどう収集しているか、情報を見つける際の困りごとなどについて、英語で調査を行っている。結果、外国ルーツの生徒とその保護者にとっての主な情報源は、SNSや英語でのニュース報道であることが分かる。kuriyaは外国ルーツの生徒とその保護者を対象として情報のシェアを通じたサポートができる緊急プロジェクトを立ち上げ、視覚的にも分かりやすいようにイラスト化した資料を作成。省庁などへも、このような情報発信の重要性を提言している。

　⑤「孤立・孤独の壁」については、日本人だけでなく外国人も含めたマイノリティへの観点が必要だということ。この課題は後の2021年に、政府の新しい取り組みとして内閣官房に設置された孤独・孤立対策担当室に対し、重点計画の対象に外国人を加えることを提言している。

(5)　在留資格の要件緩和――政策提言の通過

　この一連の政策提言のなかで、最も難しいと感じていたのは、在留資格の

要件緩和である。

　在留資格要件の緩和について説明すると「家族滞在」の在留資格は就労が認められていない。出入国在留管理庁から許可を受けると週28時間以内の就労が認められるが、フルタイムでの就労はできなかった。この在留資格を、就労制限がない在留資格に切り替えるためには、大学卒業もしくは同等

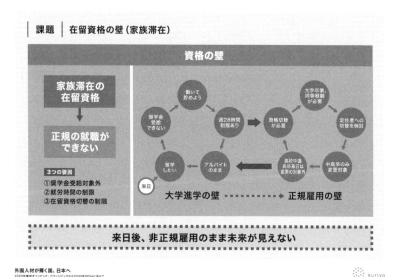

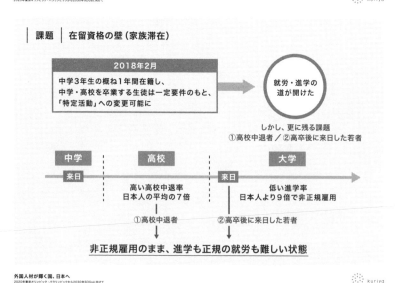

の経験が必要となる。経済的な理由から、大学進学が難しい高校生たちは卒業後に働いてお金をためて進学することを選んでも28時間の就労制限が課せられるなかで働かなくてはならない。就労も進学も厳しい状況に置かれていた。一定要件のもと、高校卒業後に在留資格の切り替えを可能にしてほしいという点を提案していたところ、2段階での在留資格要件が緩和されることになる。

　まず最初に、おおむね日本の中学校に通い、卒業し、また高校を卒業した生徒には、在留資格の切り替えが可能になった。

　この要件緩和の提案が通った時に、一つの山を動かせたと感じると同時に、ここからもこぼれてしまう生徒たちや若者がいると考えていた。引き続き、政策提言を行っていったが、在留資格の制度を要件緩和するというハードルは高く、半ば諦めていた。

　次の段階として、「家族滞在」の要件緩和が通ったのは、2020年3月のことだった。日本の中学校を卒業しておらず、高校から入学した場合、また高校に編入した場合も、17歳以下で入国し、一定の日本語能力が認められる場合には、在留資格の切り替えが可能となった。提案を伝えていた担当者からメールで連絡をもらい、さまざまな各方面からの声と共になんとか少しでも道を切り開くことができたかもしれないと感じた。

　在留資格の要件緩和も、そのハードルの高さを感じつつも、目の前にその対象となる高校生たちがいて、なんとか変えたいと思っていた。現場の切実さを行政側に届けると同時に、分かりやすく制度上の課題を可視化するために、図などを駆使して資料作成には工夫をした。行政側も大きな組織で動いている以上、誰もが分かりやすく納得のできる素材が必要だ。

(6) さらなる仕組みづくりを目指して

　2019年1月の政策提言では、入管法の改正を受けてタイトルを「外国人材が輝く国、日本へ」とした。新たな在留資格設置に伴う運用への議論や既存の技能実習制度をどう変更していくのか。目先の議論もさることながら、他のアジア諸国・都市と比べても日本に来たいと思えるような差別化戦略を行っていかなければならないと訴えた。ワンストップ相談センターの設置による受け入れ体制の整備、日本語教育の整備や教員配置などが受け入れ人材

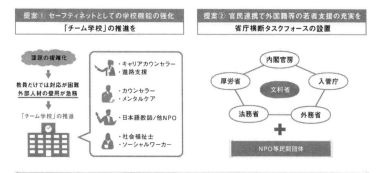

政策提言資料

の確保とさらなる若手労働力の確保につながることを提言した。日本で育つ外国人の若者たちはポテンシャルがあるにもかかわらず、文化や言葉の壁、制度や資格の壁が課題として残っていることをあらためて伝えた。

2020年10月の政策提言では、「チーム学校」の推進によるセーフティーネットとしての学校機能の強化、省庁横断タスクフォースの設置による官民連携での外国籍等の若者支援の充実を提案した。この時は、新型コロナウイルス感染症の影響下で縦割り行政の間にこぼれ落ちる高校生や、学校に通っていない若者たちの現状と課題を伝えている。

3●ロジックだけではない現場との連携

(1) 政策提言の道のりを振り返る

政策提言では課題の「見える化」や視点の転換などをはじめ、プレゼンテーションや伝え方にも工夫をした。

例えば、kuriyaが関わってきた外国ルーツの若者たちは、経済的・家庭的に厳しい環境にあり、そのほとんどは親が出稼ぎで来日していたことを背景として日本で暮らしている。しかし、当時、省庁では技能実習生や留学生を対象とした議論はあるものの、こういった子どもたちや若者たちの存在はま

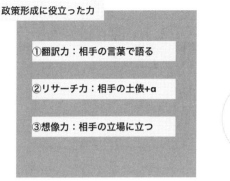

政策形成に役立った力

①翻訳力：相手の言葉で語る

②リサーチ力：相手の土俵＋α

③想像力：相手の立場に立つ

通訳
つなげる力

NPO
個を見る力

公的機関
全体を見る力

だ認識が高くなく、ましてや家族滞在の在留資格については議題（課題）に
すら上がっていない。そうした背景があった。

　また、政策提言の取り組みを始めた2018年は、省庁が外国人材の受け入
れについて検討しているタイミングであったと述べたが、具体的に政策提言
や協力してもらう相手が何を聞きたいかを把握すべく、徹底的なリサーチを
行った。政治家に対する政策提言においては、相手方について、新聞やイン
ターネット、雑誌など、既存の情報を全て読み、動向を詳しく調べるように
努めた。また、プレゼンテーションでも政治家には数分で簡潔に伝えなけれ
ばならないが、行政担当者にはより詳しく丁寧な説明が好ましいのではない
かなど、相手方の目線や立場を意識するようにした。また、既存の外国人関
連の政府の政策や基本方針は、全て目を通し、徹底的に頭に入れて臨んだ。

　リサーチ段階であってもプレゼンテーションの場でも、相手と対等な立場
で話すにあたって、政府が既にどのようなことに取り組んでいるのか、きち
んと把握しておく。最低限の礼儀でもあり、現場の声を届けるためにも必要
だと感じた。お互いの立場の違いはありつつも、外国ルーツの若者の持つ可
能性と、彼らを取り巻く課題を共有し、お互いの立場から何ができるのかを
探っていく。

　私は、政策提言とは対話のプロセスなのではないかと感じている。NPO
対行政という敵対関係ではなく、困っている高校生について行政側とも共有
して、課題解決に向かって、一緒にチームになりながら、できることに一つ
ずつ取り組んでいく、そういうプロセスを丁寧につくり上げていった。

　こうした流れを振り返ると、データの取り扱いなど、戦略的に、かつロジカルにやってきたように見えるかもしれない。しかし、自身の政策提言活動には、定時制高校や多文化理解ワークショップで何もできずに悔しい思いをしたことが後押しとなっている。現場の声を届けたいという思いで動いているなかで、どうしたら社会が変わるのかを突き詰めていったら、結果的に戦略的に動かざるを得なかったというのが現実だ。

　実際のところ、政策提言に向けて、現場も回しながら、まったく時間がない状況で動いていたのだ。以前に国際交流の仕事をしていた頃の元同僚や元先輩に、膨大なデータの収集や整理を手伝ってもらっていた。そういった協力があって、事例だけでなくデータを取り入れて客観的な視点からも伝えることが可能となった。

(2) 三者協働だからこそできた政策提言

　どれだけ強い思いがあっても、一人でできるものではない。提言に至るまでの準備段階でも、一人の知識ではなく周囲で応援してくれる人たちがいて、そうした人たちが手を差し伸べてくれていた。また、自分だけではなくさまざまな立場の人の視点や意見、経験があって政策が形成されていく。

　政策提言においては、定時制高校で居場所づくりに取り組まれていた角田先生が、NPO団体にはない視点で教育の制度についてアドバイスをくださった。徳永先生には海外の事例なども教えてもらって参考にしてきた。日本の高校の進路指導は学内の先生方によるものだ。そこに外部アドバイザーは入らないが、アメリカではソーシャルワーカーや移民コーディネーターのような役割も入って進路指導を行っているという。前例を挙げることで、行政も動きやすくなる。そうしたことが、定時制高校での活動やインターンシップ・プログラム、本章冒頭のフィリピンへ帰国せざるを得なかった環境下の生徒にも通じる、課題解決のための包括的な支援策を提案するヒントになっていった。

　それまでまったく、政策提言などの経験はないなかで、提言活動を進めるのは大変な労力を要した。それを実行することができたのは、現場で目の当たりにした課題をどうにかできないかという強い思いがあったからだ。また、定時制高校のONE WORLDで高校・大学・NPOの三者がそれぞれの強

みを活かしていたように、役割分担をしながらできたことが大きい。外国ルーツの若者にとって、より良い環境がつくれたらと気持ちを同じくする者同士が、チームとして進めていくことができた。何よりも、社会を変えるきっかけになったのは、外国ルーツの若者たち、その一人一人の声である。彼らの可能性やポテンシャルが、立場の違う大人たちを動かしていったように思う。

【注】
本章の一部は、以下の文章を加筆修正したかたちで執筆した。
海老原周子（2020）「福祉教育事例④　外国ルーツの高校生の学び場づくり――国際化時代の多様性を育て未来を描ける社会を目指して」『ふくしと教育』29号，36–39.
海老原周子（2021a）「未来の担い手を育てる――外国ルーツの若者が『日本で育って良かった』と思える社会へ」『都市とガバナンス』35号，68–72.
海老原周子（2021b）『外国ルーツの若者と歩いた10年』アーツカウンシル東京。https://tarl.jp/library/output/2020/fieldnotes_ebihara/（最終閲覧2022.7.15）

【参考文献】
法務省（2018）「外国人材の受入れ・共生のための総合的対応策」https://www.moj.go.jp/isa/content/930004287.pdf（最終閲覧2022.7.15）
文部科学省（2020）「『日本語指導が必要な児童生徒の受け入れ状況等に関する調査（平成30年度）』の結果について」https://www.mext.go.jp/content/20200110_mxt-kyousei01-1421569_00001_02.pdf（最終閲覧2022.11.15）

> **コラム 8**

対談　支援のネットワークづくりとアドボカシー活動

角田仁

海老原周子

> 　東京都内の教員や支援者などとのネットワークづくりに精力的に取り組み、アドボカシー活動を行う角田仁先生と、三者協働に取り組んだ海老原周子さんによる対談。学校現場での協働の実践を踏まえ、外部連携の効果や課題、ネットワークづくりのこれからについて考える。

海老原　角田先生が取り組みを実践されてきたのは主に、大森高校と小山台高校と一橋高校の3校の定時制ですが、地域連携という部分が大きかったのは大森高校でしょうか。

角田　そうです。大森高校は大田区蒲田の住宅地・商業地にあり、高校の近くで「外国人とともに生きる大田・市民ネットワーク（OCNet）」が日本語教室を開いていました。ある日、そのNGOから高校に編入したいと2人の生徒がやってきたのがきっかけとなって、同僚の先生と一緒に日本語教室を見学させてもらいました。定時制の授業が終わった夜9時頃からでしたが、ビルの中でさまざまな国籍の外国人の親子が一生懸命に勉強していて、日本人スタッフも熱心に日本語を教えていました。日本語の勉強の後の交流会に参加したのですが、皆さんの熱気がすごく、言葉にできないぐらい驚きました。ハッとさせられました。「これこそが本当の学校なのではないか」と。このことがきっかけで、OCNetと一緒に地域と学校とが協働し、多文化共生教育をテーマに、文部科学省の「NPO等と学校教育との連携の在り方についての実践研究事業」に応募することになり、国際理解ウィークなどの実践研究に取り組むことになりました。

海老原　NPOと一緒に日本語を教えたり、放課後部活動というかたちをつくったりしながら、地域と協働されたのが大森高校ですね。小山台高校でも

同じように部活動を立ち上げられて、この時に私も音楽のワークショップを協働させてもらっています。

角田　学校と地域の日本語教室とが共に多文化共生を進めることができる可能性を大森高校で学び、このような多文化共生の教育プログラムが他の学校にも広がればいいなと思っていました。ただ、大森高校と次に赴任した小山台高校では、日本人の生徒と外国につながる生徒の退学が多く、高校中退を減らすことができないものかと悩んでいました。そこで、大森高校での経験を活かして部活動を立ち上げました。国際交流班という名前の部活動です。この国際交流班では、外国につながる生徒たちが活躍し、都立高校の外国につながる高校生の交流会にも協力しました。この交流会で、海老原さんの企画されたワークショップは、高校生たちにとって、とてもよい体験になりました。

海老原　この時の取り組みが、一橋高校定時制での放課後部活動につながっていくわけですね。

角田　そうです。一橋高校での部活動の取り組みは、徳永先生と海老原さんに相談しました。これまでは、二者の協働でしたので、三者での協働は初めての試みでした。一橋高校での部活動は、既にあった言語研究部の顧問になり、やがて多言語交流部（ONE WORLD）として、取り組みを進めていきました。一橋高校は大きな定時制高校のため、生徒や先生方に、最初は、部活動のことをまず知ってもらうことから始めました。また、外国につながる生徒たちと日本人の生徒にかかわらず、「交流部に入りませんか？」と声がけをしました。部員になった生徒にポスターを描いてもらい、一枚一枚学校の中に張ることから始めました。

海老原　そのうち、徳永先生が教えていらっしゃる大学生や留学生と交流する場を設けたり、アーティストとワークショップをしたり。活動しながらだんだん生徒の主体性が育っていく状況でしたが、外部連携についてはどう感じていらっしゃいましたか？

角田 教員と生徒は、ある意味、固定された役割のなかで動くのが学校です。学校外から来ていただく市民講師や留学生に対して、生徒たちは教員とは異なる立場であることに気づきました。教員の仕事は教育的な指導や成績などの評価をしますが、学校外の方はむしろ寄り添って一緒に考えてくれる。教員とは違う大人として、率直な対話が可能です。生徒たちは学校だけでなく、広く多様な世の中のことを感じ取ることができます。普段、生徒たちにとって大人とは、自分の親と学校の先生、あとはアルバイト先での上司などに限られていますので。

海老原 私自身も外国ルーツの若者と接してきて、初めに驚いたのが子どもを取り巻く世界の狭さでした。中・高校生で来日し、母国のいろんなつながりから切り離された生活では、担任の先生か親、アルバイト先の店長ぐらいしか出会う大人がいない。先生のおっしゃる通り、評価をする学校の先生とは違った接し方があるんだとあらためて思いました。まさしく、外部連携の効果は生徒が多様な大人と出会えることですね。

角田 海老原さんのようなNPOの市民の皆さんと出会うことは、生徒にとってとても広がりある学びになりますし、一言では言えないぐらい素晴らしい教育的な意味があります。

海老原 外部連携について、NPOの立場では学校に入るのはハードルが高いように思われがちですが、先生にとっての難しさはありましたか?

角田 このような教育活動の経験のない先生方は、地域やNPOとの接し方に戸惑いがちです。距離を置いたり、極端な場合は拒否してしまったり、逆に全ておまかせしてしまうなど、一方的な関係になってしまうこともあります。地域やNPOと協働した教育に取り組むための教員研修の機会があればと思います。実際に地域のNPOに教員を派遣するなど、これまでの研修の内容を工夫すれば、改善されていくと思います。

海老原 教員側としても、外部連携のご経験がなければ戸惑いがあるなか

で、角田先生のような有志の先生方は、進路ガイダンスなどにも尽力されていますね。

角田　日本語支援が必要な中学生が、高校入試で合格するのは本当に大変なことです。地域の支援者から、高校に入れない生徒たちをなんとかしたいという声がありました。私たち都立や私立の高校の教員の有志、NPO、国際交流協会、大学等が連携して高校進学ガイダンスを2001年からスタートさせ、これまで7000人近くの親子の相談に対応してきました。

　もう一つは、外国につながる高校生たちが大学や短大、専門学校、就職の情報を得にくいなど高校卒業時の課題に対応するために、高校生のための進路ガイダンスを有志と立ち上げました。都立高校の卒業生、大学や専門学校、弁護士、FRESC（外国人在留支援センター）など関係者の協力を得て、外国につながる高校生向けに進路相談や情報提供を行っています。今年で11回目になります。

海老原　教員の有志が中心となった高校生向けの取り組みは、全国的にも少ないと思いますし、ある意味ユニークだと感じています。現場で出会う生徒たちのより良い環境をつくるために、外部と連携され、かつ他校の先生も巻き込んで実施されているんですね。数年前に家族滞在の要件緩和を実現できたのも、本当に先生のご尽力があってこそですが、先生の目からご覧になって、まだ学校現場に残る課題はありますか？

角田　特に外国籍生徒のいるクラスで、主権者学習にどう取り組むのかという課題があります。請願の権利は国籍問わず認められ、在外投票の権利もあることを紹介することも大切です。生徒たちが一緒になって社会をつくっていく、政治に参加していく、主権者として自覚を高めていく教育の取り組みが課題です。シティズンシップの教育が求められています。

　さらに、生徒たちの進路の保障が大きな課題です。これは学校だけで解決することはできません。外国籍の生徒には進路の壁があります。例えば、国家公務員の受験資格がありません。また、地方公務員でも消防士の場合、一部の自治体では外国籍でも受験できるようになりましたが、国籍の壁で諦め

ざるを得なかった生徒もいます。これまで多くの外国籍の生徒が、日本での生活や仕事を選んでいる現実があります。そのことを踏まえると、私は日本の国籍取得（帰化）の制度も改善する必要があると思います。以前の高校で、日本で生まれた外国籍の3世の生徒と出会いました。祖父母の代に日本に来日し、孫の代になっても外国籍であることに驚きました。移民2世の若者が政治家や大都市の市長になっていく諸外国の例を参考にするべきでしょう。

　在留資格によって違いがありますが、家族滞在などの場合は、来日して短い期間では、日本国籍は取得できないと思われています。何年以上、日本で生活や仕事をしたら日本の国籍が取得できるのか分からないのが現実です。

　一方で、関係者の取り組みで外国籍の公立学校の先生がいることも、私たち教員が生徒に伝えなければなりません。外国籍であると先生になれない、という話が時々聞かれます。外国につながる先生がクラスの担任や授業の先生として活躍することは、生徒たちにとってとても大事な経験になります。ただし、外国籍では現在のところ校長先生になることはできません。多くの外国につながる生徒たちが将来、校長先生になることができれば、学校は変わると思います。

　海老原さんが、在留資格による進路の制限を乗り越えるための政策提言をされたことは重要だと思いました。日本人の高校生が当たり前のように卒業し、就職していくなかで、外国籍で家族滞在などの高校生だけが就職できない、フルタイムで働けない。このようなことが日本の高校現場で起きていました。学校もこの事態に直面して困りました。就職を諦めて、進学する場合でも、日本学生支援機構（JASSO）の奨学金や大学・専門学校の高等教育の修学支援新制度などがありますが、依然として壁があります。一歩一歩は進んでいますが。

海老原　知られていない制度、これから変えていかなければならない部分もあります。先生はこれまでの実践や活動を通じて、やはりネットワークづくりの重要性をおっしゃってきましたし、さまざまな立場の方、学校の先生や弁護士が所属するネットワーク（団体）をつくられていますね。

角田　さまざまな人たちがつながることで、生徒たちにとって、そして日本

社会のためにできることがあると思います。学校が市民とつながることで創造的な教育活動が生まれました。その力が生徒たちをエンパワメントし、大人たちもまたエンパワメントされるという相乗作用が見られました。教育にはまだ可能性が残っています。学校と市民とのつながりを求めて、これまでまだまだ小さな取り組みでしたが、いくつかの高校で実践してきました。

　この経験を学校の外でも活かすことができないものかと思い、小さな勉強会や研修会を始めています。例えば、東京でのつながりを求めるため、「TEAM-Net（多文化共生教育ネットワーク東京）」が2021年9月にできました。教員、弁護士、研究者、支援者などがいます。東京には実に多様な人たちがいます。しかし、まだつながることができていません。外国につながる生徒たちと日本人生徒のために、東京の大人たち、市民がつながることで、力が生まれるはずです。東京はできるし、行動することで世の中が良い方向にいくのではないでしょうか。私はそれを、高校生たち、そして皆さんと出会って確信しています。

　　＊2022年2月6日オンライン収録

第7章

学校をアップデートする

若者と共に考える教育の未来

徳永智子、角田仁、海老原周子

パオロ、シャ・アルジュン、曽根樹理亜、山中麻里奈

第7章では、本書の締めくくりとして、本づくりに参加した若者たちと共に、外国につながる子どもが通いたいと思える理想の学校について考え、それを実現するために学校や教育行政にどのようなアップデートが必要かについて提案したい。

1 ● 卒業生が思い描く理想の学校

東京都立一橋高校定時制の卒業生であり、ONE WORLDの部長や副部長を経験した若者たち4名（樹理亜さん、アルジュンさん、麻里奈さん、パオロさん）に、これまでの学校生活を振り返ってもらい、理想の学校について語ってもらった。具体的には、自身の学校経験を踏まえた上で、20年後に、もし日本の高校の校長先生になったら、どのような学校をつくりたいかを考えてもらった。卒業生から見て、特に外国につながる子ども・若者が通いたいと思える理想の学校とはどのような学校だろうか。アドボカシーの一環としても、卒業生が思い描く未来の学校の一端を彼らの「声」をもとに紹介する。

◉ **外国につながる生徒が安心でき、親しみを持てる校長先生**
- 生徒を応援する雰囲気づくり

    入学式の校長先生のあいさつを初めて聞いた時に、季節のあいさつと

か日本語が難しくて、堅苦しいと思った。もし私が校長先生だったら、日本の文化を表す言葉と一緒に、冗談を入れたり、英語で話したりして、外国の生徒がすごい気分が良くなるような、気楽になるような雰囲気をつくりたい。例えば、「日本はどう？」とか、「生活、苦しい？」「大丈夫？」とか、カウンセラーみたいに「困ったことがあったら気楽に私にも話してね」ということを伝えたい。どの言語が話せるかも伝えたい。学校の一番上の人からも応援があるという雰囲気を出したいから。（樹理亜）

- ふらっといて、話しかけてくれる校長先生

  校長室はすごい重厚なイメージで、とても入りづらかった。職員室も近寄りにくく、苦手意識がすごいあった。だから、共有スペースなどに、校長先生や先生が、ふらふらっといてくれると、話しやすい。（麻里奈）

  体育着を着た高校の校長先生が、毎朝校門に立って「おはようございます」とあいさつをしてくれた。すごく朝の気分が良くなったことがあった。行事など特別な時だけでなくて、いつも気楽に生徒と接してくれる校長先生がいい。（樹理亜）

- 若い校長先生

  今の世代の子の思考に近い、もうちょっと若い校長先生だったら良かった。校長先生も体育祭とかに参加したり、走ったり、バトンパスとかしたりできるかもしれない。（樹理亜）

● 生徒の背景を理解し、手を差し伸べてくれる先生

- 生徒を助けてくれる先生

  高校の担任の先生は、人を助ける先生だった。言葉遣いとか、関わり方など含めて、助ける気がある先生だった。面倒くさいとかもない。だからそういう生徒を支えられる先生になりたいし、自分が経験したことを他の人にも返したい。（パオロ）

- やさしい日本語で接してくれる先生

  高校では、外国の生徒に慣れていて、フランクで、悩み事も心を開いて話せる先生が何人もいた。先生たちは人間として話ができて、仲間

みたいだった。授業もやさしい日本語でやってくれた。担任の先生は、必要な時にはフォローもしてくれるけど、一般の生徒と対応を変えない人だった。高校で出会った先生たちのように、やさしい日本語で話してくれて、手を差し伸べてくれる先生がいたらいい。（アルジュン）

- 複数の言語ができる先生

  言語が二つぐらいできる先生がいたらいい。日本語以外の言葉が話せたら、生徒から悩み事の相談をされた時に対応できる。（アルジュン）

● 外国につながる生徒の母語・母文化に配慮した支援を行う

- 外国につながる生徒の文化に配慮できるスクールカウンセラー

  高校には、スクールカウンセラーがいたけど、あまり生徒に知られていなかった。この時間にここにいるよと言うだけでなく、実際に学校を歩いて、悩んでいそうな子はいないかとか、生徒の様子を見ながら、行動してほしかった。一度相談に行ったけど、フィリピンと日本の文化は大きく違っていて、特に家族やお金の面については、日本人のカウンセラーは共感するのが難しいと思った。アドバイスをもらっても、この人は私と同じ環境に住んだことないから絶対分かってないって思ってしまう。生きてきた人生が違うから、しょうがないことなので、外国の生徒のメンタリティが分かるカウンセラーが欲しい。（樹理亜）

- 外国につながる生徒向けの進路支援

  進路相談ができる先生やサポーターが欲しかった。日本人の生徒と同じ扱いをされたから。（樹理亜）

  進路指導室を使ったけど、パンフレットの情報などは全て日本語で書かれていて、日本の企業の情報ばかりだった。もしかしたら日本人の子でも、海外の企業に勤めたいという生徒もいるかもしれないから、もっと多様な情報が多言語であるといい。（麻里奈）

- 生徒の悩みを聴いてくれる相談所

  高校の生徒指導部のミーティングルームがあって、そこに相談に行っていた。同じように、生徒たちの相談所があったらよい。生徒たちは人間関係とかで悩んでいても、一人でいて、構ってくれないと思っているかもしれない。ここなら聴いてくれるかもしれないと思ってもら

えるようなアピールをすることが大事だと思う。生徒たちが悩んでいることをメモに書いて、それを先生たちが読んで、同じ悩み事を持っている人を集めて、相談する場所にする。母語で相談できる人がいるともっといい。この場所を知ってもらうために、学校の各階にポスターを張って、生徒に知らせたい。（アルジュン）

◉ <u>生徒会選挙に生徒の意識を向ける</u>

高校の生徒会選挙で、何をしているのか、情報が少なかった。生徒は投票ができるけど、その話もしていなかった。生徒会選挙は、生徒の意見が聞ける大事な場だから、選ぶ人たちが何をしているかとか、生徒全体にちゃんと情報を届けてほしい。だからそこに意識を向けたい。（アルジュン）

◉ <u>外国につながる生徒同士が出会い、つながれる機会をつくる</u>

• 外国につながる生徒の情報の把握と共有

高校に多くの外国の生徒がいることは分かっていたけど、どの国の人が、何人くらいいるのか詳しく知らなかった。把握できていたら、イスラム教の人とか、文化とか宗教に気を使うことができていた。あと、ONE WORLDの部活は、フィリピンルーツや日本ルーツの人がたくさんいたけど、学校全体の外国の生徒の把握ができていたら、違う文化の人向けのアクティビティなど、もう少し幅広い内容ができていたと思う。外国の生徒自身が、同じ学校にいる外国の生徒の数やルーツを知って、つながれる機会があるといい。（樹理亜）

• ONE WORLDのような居場所

ONE WORLDは、出身とかを中心としていて、出身地についても話せるし、居場所みたいになっていて、リラックスできた。同じような部活があるといい。（アルジュン）

フィリピン人だけではなくて、いろいろなルーツのある子が集まりやすいところがあったらよかった。（樹理亜）

◉ **外国の文化に触れる行事をつくり、交流する**

• **外国の文化を体験できる行事**

体育祭や文化祭のように、外国の文化を体験できるような一日が欲しかった。日本人の生徒も外国人の生徒も交流して、学べる機会をつくりたい。（樹理亜）

高校のONE WORLDでやったみたいに、文化祭などの行事で、フィリピンやインド、中国など生徒の文化（食べ物や名物など）を展示などで取り上げる。日本人との関わりが大切だし、日本人が他の文化を知るためにやった方がよいと思う。（パオロ）

◉ **多文化の授業をつくり、交流する**

• **海外の文化を取り入れた授業**

体育は、言語関係なくできて、協調したり、仲間意識も強くなるのではないかと思うので、海外で行われているスポーツを体験程度でも、１カ月間とかでも、やってみたい。普通の学校だと、サッカーとか、バスケとか、バレーとか、ハンドボールとかだけど、例えば、日本ではマイナーなラクロスとか、カポエイラとかを取り入れてみたい。（麻里奈）

• **授業での交流**

外国語（日本語）を勉強する時に、周りの環境と人が大事だと思う。高校は、取り出し指導で同じ国籍で固まっていて、日本語を話す機会が少なくなって、日本語の上達が遅くなることもあった。ネイティブの人との交流がないから、日本語の勉強が進まない。外国人で固まるのではなくて、別々にした方がよい。休み時間は仕方ないけど、授業は、外国人を分けて、国籍が固まらないようにした方がいい。（パオロ）

　若者たちが思い描く学校から、どのような日本の教育の未来が見えてくるだろうか。子ども・若者の「声」に耳を傾けて、フラットな立場で寄り添う大人がいること。彼らの母語・母文化、生い立ちや背景を理解し、尊重する文化があること。授業や行事、部活などを通して、さまざまな背景を持つ人が出会い、交流できること。これらを実現できたら、多くの生徒にとっても居心地のよい場になるのかもしれない。彼らが挙げてくれた理想の学校は、

まったく新しい学校ではなく、自分たちが通った学校で経験したことに基づいて思い描かれたものである。今後、外国につながる子ども・若者が学ぶ環境を充実化していくためにも、彼らの「声」を丁寧に聴き、実践や政策に反映していくことが求められるだろう。

2 ● 編者からの提言——学校と教育行政のアップデート

卒業生が思い描く理想の学校を実現するには何が必要だろうか。若者たちの「声」を踏まえ、編者から学校と教育行政にどのようなアップデートが必要かについて提案したい（図7-1参照）。

◉ 学校における取り組み

【生徒へのアプローチ】

・ストレングス・アプローチによる支援

「日本語ができない」など生徒の「弱み」のみに注目するのではなく、強みを引き出す支援をする。外国につながる生徒は複数の言語や文化を持ち、人をつなぐ通訳ができるなど、さまざまな強みを持つ。本来の能力・資質・知識を伸ばすことで、自己肯定感が高まり、エンパワメントにつながる。学校や地域で、生徒が活躍できる場面をたくさんつくる。
例：ストレングス・アプローチによるユースプログラム（序章）、多言語交流の部活づくり（第1章）、若者を育てるインターンシップ・プログラム（第4章）、若者とのアクションリサーチ（第5章）

・生徒の「声」を聴く仕組みづくり

学校では、外国につながる生徒の「声」が聴かれにくい状況がある。生徒がいないところで、授業や学校行事の内容、学校のルール、留年や進級、卒業など重要な事柄が決められている。生徒にとって重要なことを決める際に、生徒の「声」を聴き、彼らがそのプロセスに参加できるような仕組みをつくる。

外国につながる生徒が生徒会選挙に参加し、生徒会の役員として活躍できるような仕組みをつくる。例えば、生徒部という学校の組織の教員が積極的にサポートをする。

- 多文化共生や多様性の尊重をテーマとした授業や学校行事、部活動の実施
  学校の教育活動全体を通して、多文化共生や多様性の教育に取り組む。例えば、「総合的な探求の時間」や学校設定科目の枠組みを活かして、授業（移民の歴史の授業や国際人権の学習、外国につながる生徒の母語・母文化の授業など）を開講する。また、文化祭などの学校行事で、多文化共生に関する生徒による体験発表や作品展示、交流活動などを取り入れる。
  例：多文化共生やシティズンシップ授業の実施（第2章）、定時制高校での国際理解ウィーク、多文化共生・異文化交流の部活づくり（第1章、コラム3）

- 市民参加型の授業や学校行事、部活動の実施
  NPO職員や地域住民、保護者、企業の社員、大学教員・大学生、卒業生などと協働し、地域に開かれた授業をつくる。特に、外国人住民や保護者、地域の留学生を学校に招待し、経験を話してもらうなど、授業に参画してもらうことは重要である。学校行事や部活動においても、同様の取り組みが望まれる。
  例：NPO・高校・市民との協働によるシティズンシップ授業（第2章）、三者協働による部活づくり（第1章）

生徒の支援

- 進路指導や生徒指導の多文化・多言語対応
  外国につながる生徒の文化的・言語的背景やニーズに配慮した進路指導と生徒指導を実施する。多文化・多言語対応可能なスクールカウンセラー（SC）やスクールソーシャルワーカー（SSWer）の配置が望まれる。

- 外部連携による包括的な支援体制づくり
  生徒の日本語教育やキャリア教育、相談支援を進める上で、日本語教師、SSWer、SC、弁護士、母語支援員、NPOの支援者、研究者などとの協働を進め、包括的な支援体制をつくる。特に、SSWerが学校内のアウトリーチやコーディネートを行えるような仕組みをつくる。
  例：外部団体との連携による包括的な支援体制に関する政策提言（第6章）

学校経営

- 多文化共生や多様性の教育を進める管理職のリーダーシップ
  校長や副校長が学校の教育活動全体を通して、多文化共生や多様性の
  教育を推進するためにリーダーシップを発揮することが期待される。
- 海外経験や異文化理解の実践経験がある教員を評価する仕組みづくり
  現状では、海外の学校で勤務した教員や異文化理解の教育実践を実施
  する教員が学校で強みを活かして、活躍することが難しい。管理職が
  中心となって、異文化経験のある教員を評価し、教員の強みが活かさ
  れる学校経営をしていく。
- 学校運営に当事者が参加する仕組みづくり
  当事者の「声」を学校運営に反映させる。例えば、地域住民や有識者、
  保護者などによって構成される学校運営協議会などに、外国人住民や
  保護者、卒業生が委員として参加し、「声」を聴く仕組みをつくる。

◉ 教育行政における取り組み

方針・計画をつくる

- 外国人児童生徒教育に関する方針・計画の策定
  都道府県の教育委員会等が、外国人児童生徒教育に関する方針を策定
  し、基本的な考えや目標、施策、指標などを明記する。

専門職を置く

- 外国人児童生徒教育や多文化共生教育の専門職
  教育委員会内部に外国人児童生徒教育や多文化共生教育などを専門と
  する職を置き、担当者が学校と連携して進めていく体制をつくる。

人材を育てる

- 多文化共生や地域との連携をテーマとした教員研修の実施
  多文化共生や異文化理解、日本語教育、地域との連携などをテーマと
  した教員研修を実施する。研修の一環として、NPO 等に教員を派遣
  する。
- スクールソーシャルワーカー（SSWer）やスクールカウンセラー
  （SC）、コーディネーターなどの多文化研修の実施と派遣
  ユースワークで必要なスキルや資質、知識を基本としつつも、異文化

図7-1 学校と教育行政の取り組みに関する提言

学校における取り組み

教育行政における取り組み

理解や異文化コミュニケーションなどの研修を提供する。支援者のほとんどが日本人という立場を踏まえた上で、生徒の文化的・言語的背景を理解し、文化的配慮ができるようになることが重要である。将来的には、外国につながる若者が担い手となることも期待される。

学校評価に組み込む

- 多様性を尊重した学校経営の評価

多様性を尊重した学校経営ができる校長先生を評価し、積極的に外国につながる生徒が多く在籍する学校に配置する。学校評価のなかに多様性の指標を導入し、項目ごとに多様性が尊重されているか評価する。

　若者たちが望む教育を実現するためには、多忙な教員や支援者任せにするのではなく、さまざまな法制度を整えていくことが求められる。例えば、国レベルの多様性と包摂性に関する基本法があれば、自治体の方針や施策、計画が策定しやすくなり、現場の学校運営にも反映されていくだろう。学校、地域、国や県、市町村の教育行政など、多様な立場の人々が協働し、ネットワークをつくりながら、外国につながる子ども・若者が市民として、社会で活躍できるように環境整備をしていきたい。

3●校長先生になったら
──未来の外国につながる若者へのメッセージ

　樹理亜さんやアルジュンさん、パオロさんのように、複数の文化や言語を持つ若者たちが日本の学校の校長先生になる時代はやってくるのか。樹理亜さんが、自分自身が校長先生になったことを想像してこんなことを語ってくれた。

　学校の一番上だから、学校自体の雰囲気が変わるんじゃないかなって思います。校長先生って学校の顔っていうか。だから、学校からのお便りとかを見ている人は、なんかこの学校、この校長先生がいて、楽しそうだなみたいな。記事とか見ると、校長先生の顔が一番上に載せられてい

るんですよ。見て、なんとも思わないんですけど。でも、ちょっと見た
目が違うとか、目の色が違うとか。そういう人が学校の一番上に載せら
れたら、なんか変わってくるんじゃないんですかね。まだ見たことはな
いんで多分、見たら、ああ、この学校、いいって……なんかアップグレー
ドされたような。

　そして、もし校長先生になったら、入学式で新入生に対して、次のような
英語のスピーチをしたいという。

As a person of dual ethnicity Japanese/Filipino, I can say that I relate
to both sides' better than an average person. And to tell the truth,
it can be pretty difficult, a lot of obstacles will come. But standing
here in front of all of you, I can say that it will all be alright. I can tell
that some or most of you might have experienced the things I did.
Those experiences might have been a positive thing or the opposite
but do not let those hinder your way of life. Just live your life as
yours and never compare with the others. Do what you can as best
as you can. As a person of dual/multiple cultures you are just as
normal as any other people around you and special as you can be.
Youth only comes once and it never ever comes back. Enjoy your
school life while living your private life to the fullest.

【日本語訳】日本とフィリピンの二つにルーツがある私は、普通の人より
も両方に共感することができます。実を言うと、それ（二つのルーツを
持って生きること）はとても難しいことで、多くの問題に直面するでしょ
う。でも、こうして皆さんの前に立っていると、きっと大丈夫だと思え
るんです。皆さんのなかにも、私と同じような経験をされた方がいるか
もしれません。その経験がプラスに働くこともあれば、反対にマイナス
に働くこともあるかもしれませんが、そんなことに振り回されることな
く、自分の生き方を貫いてください。他人と比較することなく、自分の
人生を生きればいいのです。自分ができることを精いっぱいやる。二つ

や複数の文化を持つあなたは、周りの人と同じように普通であり、特別
な存在なのです。青春は一度だけで、二度と戻ってきません。学校生活
を楽しみながら、プライベートな生活も充実させてください。

　複数の文化や言語のはざまを生きる彼女だからこそ、次世代の若者たちに
伝えられるメッセージである。
　最後に、アルジュンさんが印象に残る一言を共有してくれたので紹介す
る。外国につながる子ども・若者の支援にあたって、先生や支援者に「一人
で悩んだり、解決する必要はなくて、一緒に考えてほしい」と語っていた。
「一緒に」という言葉を使ったのは、命令じゃなくて、自分の考えを押し付
けないという意味が含まれるからという。「一緒に」という言葉を忘れずに、
外国につながる若者や彼らを取り巻く人々と共に多文化共生の未来をつくっ
ていきたい。

おわりに　　　　ONE WORLD とこれから

　私たちはなぜONE WORLDに関わり続けてきたのか、そして協働を続けることで何を学んだのか。これまでの協働の実践の次に来るものは何かをテーマとして、編者で振り返りの対談をした。

1 ● ONE WORLDでの協働を振り返って

徳永　そもそも海老原さんはなぜこの問題に関わるようになったのか。このプロジェクト、ONE WORLDを含めて今に至るまで関わり続けたモチベーションは何でしょうか。

海老原　私はいろいろな所で、自分がペルーとイギリスで育ち、イギリスで特に言葉ができなくて大変だったという話を原体験として伝えています。もちろん自らの体験もありますが、実はONE WORLDを立ち上げて、政策提言を皆さんとこうやって来られたのは、すごくシンプルな理由です。ただ、楽しかったんです。日本人の子も含めて、外国ルーツの子たち、多様な高校生たちと接するのが、すごく楽しかったんです。高校生や若者たちは、たくさんいろいろな可能性を持っているじゃないですか。言葉や文化の力だけではなく、他人を思いやる力だったり、自分が弱い立場に立たされたからこそ見える思いやりや配慮など。ある意味、しんどい環境にいるなかで、それでもめげずに日々暮らしていくたくましさは、逆に私も励まされたことがありました。

　なので、もちろん自分の個人的な理由もあるんですが、高校生と接していて、すごくパワーをもらっていたところがありました。普段の学校生活や授業のなかでは、あまり積極的というか、活躍の場がないということを聞いた時に、もったいないなと思いました。もっと彼らが輝ける場をつくれたらい

いな、と感じていました。彼らの持つ可能性が開いていく様子を見て、自分もエネルギーやパワーをもらっていました。とにかく楽しかった。もう一つは、やっぱり一人だったら、ここまで続けるのは無理だったと思うんです。角田先生、智子先生の存在は、すごく大きかったです。三者とも異なる立場でありつつも、お二方とも先生であるにもかかわらず、本当にフラットに対等に一緒につくっていたので「子どもたちが、より生き生きと学校生活を過ごすためにはどうすればいいか」という視点からつながれていたと思うんです。同志、ピアというか、仲間がいないと多分続かなかったと思います。角田先生はどうですか。

角田　最初は、なんとか退学を防ぐことができないかということでした。高等学校に入学できたものの日本語が分からない、友達ができないことから、やがて学校を休みがちになり、学校を中退してしまう多くの外国につながる生徒たちを目の前に見てきました。高校在学中からアルバイトに一生懸命になり、留年にならないぎりぎりのところで、高校を卒業してからも同じアルバイトをしていく（その背景には貧困や在留資格の壁があったことをきちんと私たち学校が認識できていませんでした）、そういう生徒たちに向き合って、もっと何か学校でできることはないのだろうか悩みました。

　とはいえ、何から手を付けていけばよいのか、まずは部活動に可能性があるのではと考え、一橋高校の部活動で何ができるのか、お二人に相談し、三者で試行錯誤しながら何度も一緒に考えました。お二人とも経験豊富であると同時に、素晴らしいアイデアをお持ちの方々です。一緒に考えていくなかで、自分の考えがさらに深まったり、新たなアイデアが生まれたり、そうした活動がとても良かったと思います。本来、新しいものを生み出す創造的なことが学校教育の役割であり、可能性であると思いますので、そういう意味でこの三者協働の部活動は、本当に理想的な教育だと今も思っています。

　では、実際に生徒たちにどう働きかけたのか、日本人の生徒と外国につながる生徒が一緒に交流し活動するなかで、時には、はらはら、どきどきしたり、生徒が来なくてがっかりしたこともあります。しかしとりわけ文化祭での活動は、生徒たちのたくましさ、パワーを感じました。そして生徒たちはあまり語ることがないのですが、ヤングケアラーだったり、大変な仕事をせ

ざるを得なかったり、さまざまなことを抱えていました。しんどいことがありながらも、言葉が分からない、特に日本語という難解な言語の洪水のなかで、困難ななかでも諦めないで学校に通い、部活動にも来ました。そこで同じルーツの仲間たちと出会って一緒に目標に向かって取り組むことで、学校をやめずに、卒業を諦めないことにつながったのだと思います。とはいえ、それでも高校を中退してしまった生徒もいました。今でも顔を思い出します。本当に残念でした。

　日本人や外国につながる生徒たちが、一人ではできなかったことを、お互いが協力するなかで一つ一つ実現していきました。さまざまな言語の飛び交う空間で、生徒たちが生き生きと、楽しみながら、コミュニケーションを重ね、自分をぶつけることができる場は実に貴重だと思いました。言葉では言い表すことが難しいのですが、新しい多文化共生の世界を垣間見ることができたのではと思います。そういう意味で、ONE WORLDに多様性の教育の可能性があったのではと思います。ONE WORLDのような部活動が多くの学校で広がれば、日本の高校が変わるかもしれません。私はONE WORLDがあること、学校に存在することで、外国につながる生徒が励まされ、日本人の生徒を変え、教員集団にも何らかの影響を与えることができたのではないかと思います。あの部活動は何をしているのだろう、と多くの生徒や教員が不思議に思ったことも想像できます。それでよいのでしょう。外国につながる生徒がここにいること、一緒に活動する日本人の生徒がいること、そしてそれを支え、寄り添う大人たちもここにいる、それ自体が大事なことではないでしょうか。

海老原　本当にそうですよね。今、会社や企業など、特に大企業などでは、新しく何かを価値創造していく能力が、以前よりも落ちているのではないか、という話を聞いたことがあります。もちろん、全ての大企業がそうではないかもしれませんが、学校現場や学校教育において、新しく何かをつくり出す経験は、なかなか少ないのかもしれません。角田先生がおっしゃっていたように、ONE WORLDでは、言葉は、日本語でもいいし、みんなができる言語でコミュニケーションしていくことや、ルールもみんなでつくっていく。「こうしなきゃいけない」という枠がない、活動を一緒につくっていく

ような空間だったのかもしれません。

角田　おっしゃる通りだと思います。生徒たちと一緒にブレインストーミングをすることがありましたが、さまざまな言語が交差する一方で、非言語的なコミュニケーションもあったように思います。言語と非言語の双方で生徒同士のコミュニケーションがとても豊かに感じられました。私もそうですが、高校では多くの授業や教育活動が、教員から生徒へと一方向的になりがちなところがあります。それは避けられないのですが限界もあります。ONE WORLDでは、多様な他者を尊重しながら、目標を立て、お互いが協働し、変容し、新たな関係性をつくる経験になりました。シティズンシップが育まれる場になったのではないでしょうか。それは私にとっても感動的な出来事でした。こうした経験と出会うことが教育の本質的な営みの一つなのではと思います。学校は生徒たちが、自主的、創造的に活動できる環境を整え、支援していくこと。そして教師や大人たちも生徒と一緒になって学んでいくことが大事であることを学びました。

徳永　しかもONE WORLD自体、その時だけに価値があるのではなくて、そこを卒業した子たちがそれぞれの道でまた新しい一歩を踏み出していっています。このONE WORLDを起点としてシティズンシップの授業や、今回のYPARのプロジェクト、あるいは政策提言など、ONE WORLDが基盤となってそこから花開いて、新たなプロジェクトができる。その若者たちと今もつながりながら政策提言に活かしていくなど、そういうことが継続的にできている関係性があることがすごいと思います。よく1年で終わるプロジェクトなどもあると思うのですが、ONE WORLDは2015年から続いていて、私はそのプロセス自体がコミュニティづくりにもなっているのかなと思います。

　振り返るとONE WORLDだけではなく、海老原さんの政策提言の時の話や、教育委員会への働きかけ、あるいは大学がどのように関われるのかについてのみんなでのアイデア出しなど、インフォーマルなミーティングも多かったですよね。ONE WORLDに学生を送りますっていうだけではなく、継続的に話をするような場の設定や関係性がつくれたことが私にとっては大

きな宝だったと思います。これだけいろいろな活動をしてきたので、流れて
しまうのはもったいないというところで記録していこうという話になり、こ
の本につながるのかなと思います。

　もちろんそれは、この事例を他の学校や自治体にそのまま応用できるわけ
ではないと思うのですが、出会った人たちとの関係性をすごく大切にし、お
互いが求めていることをオープンに語り合い、信頼関係をつくっていき、い
ろいろなアイデアを出しながらできることからやっていき、多様な人を巻き
込んでいくということを私は学びました。高校の中でもいろいろな生徒や先
生がいて、大学も留学生もいれば、帰国生の子もいたり、大学の教員がいた
りします。NPOからもアーティストさんを呼んだりしましたね。普通に生
活をしていたら出会わない人たちを出会わせるといいますか、そういう場を
つくって、その人たちとの関係性やコミュニティをきっと私たちが、吸引
力ではないとは思うのですが、うまくそこをつないでいったのかなと思いま
す。

　簡単でもないし、きっとすごく時間がかかることだと思うのですが、地道
に下からつくっていくような連携体制の在り方を今回の事例から学びまし
た。他の学校にとっても、参考になるのではないかと思います。学校で子ど
もたちを助けるためにとか、政策に影響を与えるためにというよりも、内発
的に、本当にこれに関わりたいという一人一人の思いが支えていたのかなと
私自身も含めて思います。エンパワメントの輪が広がっていく感じです。

海老原　機会あって、現在、地方でもプロジェクトをしているのですが、本
当に担い手（プレーヤー）が少ないと感じます。そのような状況で、地方で
長らく頑張っているNPOの方々は、非常に貴重な存在だと思いました。一
方で、支援者の高齢化が進んでいるという話も聞きます。また、地方での大
学の存在の大きさを感じました。なので、例えば、地方大学の留学生が、地
域に貢献するようなかたちで高校と連携するなど、大学と高校の連携モデル
ができるといいなと思います。

角田　一橋高校の場合は部活動ONE WORLDがあって、その後シティズン
シップの授業につながっていったという流れがありました。部活動で培った

創造的な活動をシティズンシップの授業でさらに試みました。カタリバの皆さんに提案して、授業に共鳴していただけるさまざまな方々に呼びかけてみました。市民参加による部活動や授業づくりはとても魅力的です。信頼性と対等性を大事にしながら、生徒にどのように向き合ったらよいのか、一緒に考え、取り組んでいくことができた経験を活かし、これからも生徒と学校の可能性にチャレンジしていきたいと思います。

　私自身の限界ももちろんありました。あの時、もっとこうできたのではないのか、今でも反省させられることもあります。ただ、ONE WORLDがなければ、私たちはそもそも生徒たちの声を聴き、生徒たちのパワーと出会い、生徒たちのさまざまな背景から多くを学ぶことができませんでした。

2 ● ONE WORLDの次に来るもの——2030年に向けて

海老原　個人的に、7年は一つの節目だと思っているんです。7年後となると2029年ですよね。SDGsが掲げる2030年まであと1年の年です。SDGsの「誰も取り残されない」というキーワードにもつながるのかもしれませんが、私のなかでは結局、外国ルーツの子のことをやっていると、日本人の子にとっても必要なことや、その他のマイノリティ性を持った、障害のある人や、LGBTQの人たちとも共通しているところがあるのではないかと思うようになりました。ずっと外国にルーツを持つ子たちを対象に活動してきましたが、多分、外国ルーツの子のことだけをやっていても、解決できない課題ってたくさんあるような気がしてきたんです。

　これから7年後に向けて、何となく見えてきたのは、日本の福祉の弱さや、ソフト面でのインフラの弱さ。常々感じています。ハード面のいわゆる道路やダム、交通網などは日本はちゃんとしていると思うのですが、ソフト面というのは、それこそユースワーカーやソーシャルワーカー、カウンセラーなど一般的なものではないですし、学校にも常駐していないですよね。そういう福祉的な部分のソフト面のインフラ整備をしていき、プッシュ型のアウトリーチを進めていける人材や仕組みをつくらないと、結局、外国ルーツの子たちをサポートし切れない。子どもたちと接していて、専門的な支援や機関など、ほとんどつなぐ先がなかったんです。それは日本人の子にとってもな

いもの。それこそ中退しちゃった子たちの受け皿があるかっていうと、日本人の子もすごく少ないのに外国ルーツの子はさらにない。日本人の子も含めて、教育と福祉のインフラ整備は、自分が取り組むかはさておいて必要なんだろうなと思います。

角田 一橋高校の場合には全校の生徒が毎年約500名ほどで、私が勤務していたなか6年間で、およそ300名ほどの外国につながる生徒たちがいました。私は学校を変わりましたが、今いる学校は同じ都立高校でも小さい夜間の定時制高校で、外国につながる生徒は1割ぐらいです。この定時制高校にも外国につながる生徒たちが集まっている「国際交流サークル」という部活動があります。引き続き一橋高校での経験を活かせるようにと思います。

　とはいえ、学校での一人の教員、地域での一人の支援者の頑張りだけでは限界もあります。やはり多くの外国につながる生徒たちが高校に入学してくるなかで、学校や教育行政の在り方や制度が変わらないと受け入れが進みません。私は外国につながる子ども、若者の権利を保障する基本法の制定が求められていると思います。この本でも教育行政による外国につながる子どもに関わる教育の指針づくりなどの話をしました。多くの関係者、当事者が声を寄せ合い、アクションを起こすことで、社会を変えていくことができるはずです。

　小さな試みだったかと思いますが、ONE WORLDの活動や一橋高校でのシティズンシップの取り組みが他の学校でも広がることを期待したいです。

　今、生徒たちも卒業して何年か経過していますが、やがて30代、40代になっていきます。気候変動や格差の問題、一億人を超える難民、そして自分たちが経験してきた世界的な移民の移動などについて、卒業生たちと一緒に、こうした課題を考え、何らかのアクションをしていきたいと思います。小さな一歩から、一人の行動から社会が変わることにつながるはずです。

　例えばこんな試みはいかがでしょう。日本にフィリピン人のカルチャーセンターなどがあれば素敵ですね。生徒と教員が見学に訪れるなど、日本に住んでいるフィリピンルーツの人たちのアイデンティティを保持し、教育のために役立てるのはどうでしょう。ぜひ卒業生たちが立ち上げてほしいと思います。ONE WORLDで活動していたような、信頼と対等を原則に、お互い

をリスペクトし、学び合い、自由に、創造的に行動できる一人の市民として、私もその一人として関わっていくことができたらと思います。

徳永　ありがとうございます。素敵な提言といいますか、未来へのメッセージで、私も最後の角田先生の点はすごく共感します。やっぱり当事者不在の課題解決や多文化共生というのが、これまであまりにも多過ぎたと思います。特に私の場合は大学に所属する研究者として思うのですが、これまでこのテーマの研究は多くの場合マジョリティの日本人がやってきました。もちろんそのような研究は必要だと思うのですが、そのなかで見えてこないマイノリティの視点や感覚といったものが、なかなか実践、研究、政策にも反映されていないということに今回 ONE WORLD に関わるなかで私自身が問題を意識化した気がします。

　今後はもっと ONE WORLD の卒業生や、これまで出会った外国につながる子どもたちや若者たち、あるいは家族と共に、いろいろな実践をつくり、研究をしていき、彼らの声を政策に届けていくなど、そういうコミュニティづくりやエンパワメントができたらいいなと思います。これまで見たことのあるような研究や実践ではない、新しいかたちのさまざまな声が響き合う実践などをやっていきたいと思っています。強制的に若者たちを巻き込むわけではなく、関係性をつくりながら、みんなが課題だと思うことを一緒にやっていこうという機運をどうつくれるのか、今考えています。角田先生の最後の点と、とても関係していると思いました。

　あとはやはり私自身が今大学にいるので、大学の中での外国につながる学生の課題が大きいと思っています。なかなか大学に進学できないということもそうですし、入学後も彼らのことを留学生としてしか教職員や学生も見ていないように思います。日本で育ってきた外国につながる若者たちが、必要な支援を受けたり、彼らが求めている授業を受けたり、より良い大学生活を送れるようにするためにはどうしたらいいのかというのを、大学の組織の在り方としても考えていきたいです。そこは当事者の学生たちと一緒にアクションリサーチができたらいいと思っています。

　もう一点、今茨城で働いていて、先ほど海老原さんがおっしゃっていた、地方での大学の可能性について、私も共感します。散在地域であまりリソー

スがないなかで、大学には専門性を持つ研究者や多くの学生がいてリソースがあります。周りの学生や大学院生、先生方、NPOの方々と共に、一橋高校で学ばせていただいたことを、外国につながる生徒が多く学ぶ茨城県の高校でも活かしていけないか模索しています。

編者一同

＊2022年7月2日オンライン収録

▌執筆者

*アルファベット順

ディネス・ジョシ（東京大学大学院）

木村 さおり サブリナ バルトロ

栗秋 マリアン

小林 佳朗（東京都立一橋高等学校）

マチャド・ダ・シルバ・イザベル

宮城 千恵子（NPO カタリバ）

オクイ・ララ

パオロ

セレスタ・プラギャン（筑波大学大学院）

シャ・アルジュン（獨協大学）

澁谷 優子（筑波大学大学院）

曽根 樹理亜

田畑 智子（筑波大学大学院）

渡邉 慎也（NPO カタリバ・パートナー）

山中 麻里奈

■ 編著者紹介

徳永 智子（とくなが・ともこ）

筑波大学人間系教育学域准教授。東京大学大学院教育学研究科博士課程単位取得満期退学、米国メリーランド大学大学院教育学研究科博士課程修了、Ph.D.（教育学）。慶應義塾大学、群馬県立女子大学を経て、現職。専門は教育社会学、教育人類学、異文化間教育。文部科学省中央教育審議会臨時委員（教育振興基本計画部会、2022 ～ 2023 年）。日本とアメリカで移民の若者の居場所づくりやエンパワメントに関する参加型アクションリサーチに取り組む。複数の文化や言語のはざまを生きる子ども・若者の強みが発揮される教育と社会の在り方について研究している。主著に *Learning to Belong in the World: An Ethnography of Asian American Girls*（Springer, 2018 年）（第 8 回日本教育社会学会奨励賞【著書の部】受賞）。

角田 仁（つのだ・ひとし）

東京都立町田高等学校教員。主に東京都立高等学校の定時制課程において、外国につながる生徒に関わる多文化共生の教育に取り組んできた。前職では、多言語交流部（ONE WORLD）の顧問として、学校外の NPO（認定 NPO 法人カタリバ／一般社団法人 kuriya）および大学（留学生、学生）との三者協働による居場所づくりに取り組んだ。その他、多文化共生教育研究会運営委員、日本語を母語としない親子のための多言語高校進学ガイダンス実行委員会東京、外国につながる高校生のための進路ガイダンス実行委員会、多文化共生教育ネットワーク東京他に参加している。文部科学省の外国人児童生徒等教育アドバイザー、高等学校における日本語指導の在り方に関する検討会議委員を務める。

海老原 周子（えびはら・しゅうこ）

一般社団法人 kuriya 代表理事、認定 NPO 法人カタリバ・パートナー。ペルー、イギリス、日本で育つ。慶應義塾大学卒業後、（独）国際交流基金・IOM 国際移住機関にて勤務。2009 年より、外国ルーツの高校生や若者を対象にキャリア教育や多文化交流ワークショップなどを行い、500 人以上の子ども・若者と接してきた。近年は国への政策提言や環境整備に取り組む。これまでの経験から日本の未来を担うグローバルリーダーとして、EU 主催「Global Cultural Leadership Programme」（2016 年）等、数々の国際プログラムに日本代表として選抜。自身が立ち上げた一般社団法人 kuriya で代表理事を務めるほか、文部科学省の外国人児童生徒等教育アドバイザー、東京都教育委員会スーパーバイザーも務める。

外国につながる若者とつくる多文化共生の未来
協働によるエンパワメントとアドボカシー

2023 年 4 月 20 日 初版第 1 刷発行

編著者	徳 永 智 子
	角 田 仁
	海老原 周 子
発行者	大 江 道 雅
発行所	株式会社明石書店

〒101-0021 東京都千代田区外神田 6-9-5
電話 03（5818）1171
FAX 03（5818）1174
振替 00100-7-24505
https://www.akashi.co.jp/

装丁	清水肇（prigraphics）
印刷・製本	モリモト印刷株式会社

ISBN978-4-7503-5551-1
（定価はカバーに表示してあります）

JCOPY 〈出版者著作権管理機構 委託出版物〉
本書の無断複製は著作権法上での例外を除き禁じられています。複製される場合は、そのつど事前に、出版者著作権管理機構（電話 03-5244-5088、FAX 03-5244-5089、e-mail: info@jcopy.or.jp）の許諾を得てください。